古墳試考

—アマの考え・アマの妄言—

井戸 清一

浪速社

古墳試考—目　次

古墳試考 ― アマの考え・アマの妄言 ― 目次

第一章　邪馬台国はヤマトですか？……7

出現期の古墳は……9

揺らぐ年代観……12

前期、発生期古墳（図1，2について）……16

【箸　塚】……16　【吉　島】……29

【西殿塚】……18　【浦間茶臼山】……31

【中山大塚】……19　【湯迫車山】……31

【黒　塚】……21　【竹　島】……32

【椿井大塚山】……22　【妙見山1号】……33

【元稲荷】……25　【赤　塚】……34

【五塚原】……26　【石塚山】……36

【西求女塚】……27　【那珂八幡】……37

【権現山51号】……28　【御道具山】……38

【丁瓢山】……29　【久里双水】……38

第二章　箸墓などに先行する古墳……43

奈　良……45

【纏向石塚】……45　【勝山古墳】……47

【巻野内石塚】……46　【矢　塚】……48

【ホケノ山】……48　【波多子塚】……51

【馬口山】……50　【下池山】……51

【マバカ】……50

近畿地区……53

【神郷亀塚】……53　【森1号】……59

【大森古墳】……54　【安満宮山】……60

【壷笠山】……56　【養久山1号】……61

【黒田古墳】……57　【長慶山】……62

【芝ヶ原12号】……57　【聖陵山】……62

【弁天山A―1号】……58　【綾部山39号】……62

西部地区……63

【郷観音山】……63　【猫　塚】……67

【美和山1号】……64　【奥3号】……68

【七つぐろ1号】……65　【野田院】……68

【都月坂1号】……66　【朝日谷2号】……69

【鶴尾神社4号】……66

九州地区……71

【御道具山】……71　【津古生掛】……72

【名　島】……71　【神　蔵】……73

【島津丸山】……71

東国地域……74
【松尾谷】……78　【小菅波4号】……80
【奥津社】……78　【滝の峯2号】……80
【白山1号】……79　【弘法山】……80
【谷内16号】……79　【駒形大塚】……82
【宿東山】……79　【神門3，4，5号】……83
まとめ……84
卑弥呼の時代に大型古墳を造れたか？……85

第三章　三角縁神獣鏡の疑問……93
疑問の焦点……95
三角縁鏡を考える要点……96
6つの焦点……98
（1）三角縁鏡は一体どれほどの数を貰ったのでしょうか……98
（2）三角縁鏡が中国から出土しない、発見されないのは倭国に遣わすため特別に鋳造した、という仮説は成立するでしょうか……102
（3）三角縁神獣鏡が古墳に埋葬されるのは、早くみても三世紀末か四世紀の初め頃からになるようです……105
（4）弥生時代に銅鐸、大型内行花文鏡を造り出した国産鋳銅技術を、どのように評価すればいいのだろう……108
舶載と国内産鏡……112
（5）弥生時代、鉄器の数では比較にならぬほど九州に劣っていた近畿が青銅の量では九州の2倍以上を保有したのはなぜだろう……114
（6）銘文、文様にも疑問があります……117
三角縁鏡の銘文、文様は……119
音韻学からの批判……121
三角縁神獣鏡は貴重品ですか……124
銅剣銅鐸はキチンと埋納されていました……128
卑弥呼の鏡、画文帯神獣鏡は？……131
当時の鋳造技術は……134
銅をどうした？……138
三角縁神獣鏡総括……146

第四章　土、石の移動……151
土の移動……153
箸墓の築造は……158
古墳の石……162
阿蘇溶結凝灰岩石棺の産地・所在地……166
【造　山】……167　【今城塚】……168
【築山古墳】……168　【長持山】……169

【唐櫃山】……170
【峯ヶ塚】……170
【植山古墳】……172
【東乗鞍】……173
【兜　塚】……173
【野　神】……174
【円　山】……174
【山津照神社】……175
【甲　山】……175
【王墓山】……175
【長者ヶ平】……176
ピンク岩ばかりではなかった……177
【青　塚】……177
【丸　山】……177
【蓮華寺】……178
【千足古墳】……178
【小山古墳】……180
【兵庫県、御津町】……180
【八幡茶臼山】……180
阿蘇溶結凝灰岩石棺は？……181
四世紀に山城、五～六世紀に北近江まで送られたのは何故？……183
アマの暴論……184
一つのヒント……188
色のある石……191
古代の肥後……193
宇土半島、近隣の古墳には……195
ひとつの推論……202
熊本の雄大な計画……205
第二次計画以降……207
あとがき……209
参考文献……218

カバー写真／笠縫邑附近からの箸塚（著者撮影）
裏表紙図／黒塚石室（遺物の状況）
装丁・本文デザイン／松田 空也

第一章　邪馬台国はヤマトですか？

出現期の古墳は

仮にA氏とします。ここ数年の間に古事記、日本書紀、風土記をはじめ中国など多数の古文書を精力的に読破され、一家言ある古代史通で、経営の信念と同様に自説は強く固執されます。最近そのA氏が「邪馬台国はもう大和で決まったようなものだよ。九州説を信じるのはごく少数派で根拠も薄い。関西人で九州説を考えるはおかしいんじゃないの」と断言、ばっさり斬り捨てられました。

飛鳥を故郷に育ち、戦時中はその邪馬台国の中心地、前期巨大古墳の集中する柳本に学徒動員され、いく度か米軍機の地上掃射を受けながら飛行場建設に励んだ郷土愛が、邪馬台国ヤマト説の大きな根拠の一つでもあるようです。それを承知のうえで反問しました。

「大和説の根拠は?」の問いに対して即座に返事がはね返ってきました。「古墳を見れば判る。あれだけ大きな古墳を築造する卓越した力が大和にあった。それひとつでもはっきり判るはずだ」

やっぱりアレか。即座に「あの図」の影響を思い浮かべました。

「あなたは、邪馬台国大和説の人の本しか読まないから、そのように直線的な結論が出てくるんでしょう。大和説以外にも目を通して比較検討してはいかが」少しばかりトゲを含んだようですが、そんな応答になりました。

そのとき咄嗟に思い浮かべた「あの図」とは（図―1）で「古墳とその時代・白石太一郎」に所載され、同じ図は「古墳の語る古代史・古墳とその時代・同氏著」に、また「古墳への旅・同氏監修」にも掲載され、きわめて多数の読者に読まれています。

白石太一郎氏は奥深い史観と鋭い洞察を、ごく平易な表現で述べるため、氏の著書は説得力があり、私たちアマには欠かせない指導書です。そして白石説の影響は計り知れぬほど大きいものがあります。

私の書棚には、森浩一氏の著書数に次いで安本美典氏と同数の白石太一郎氏の書籍が並んでいます。

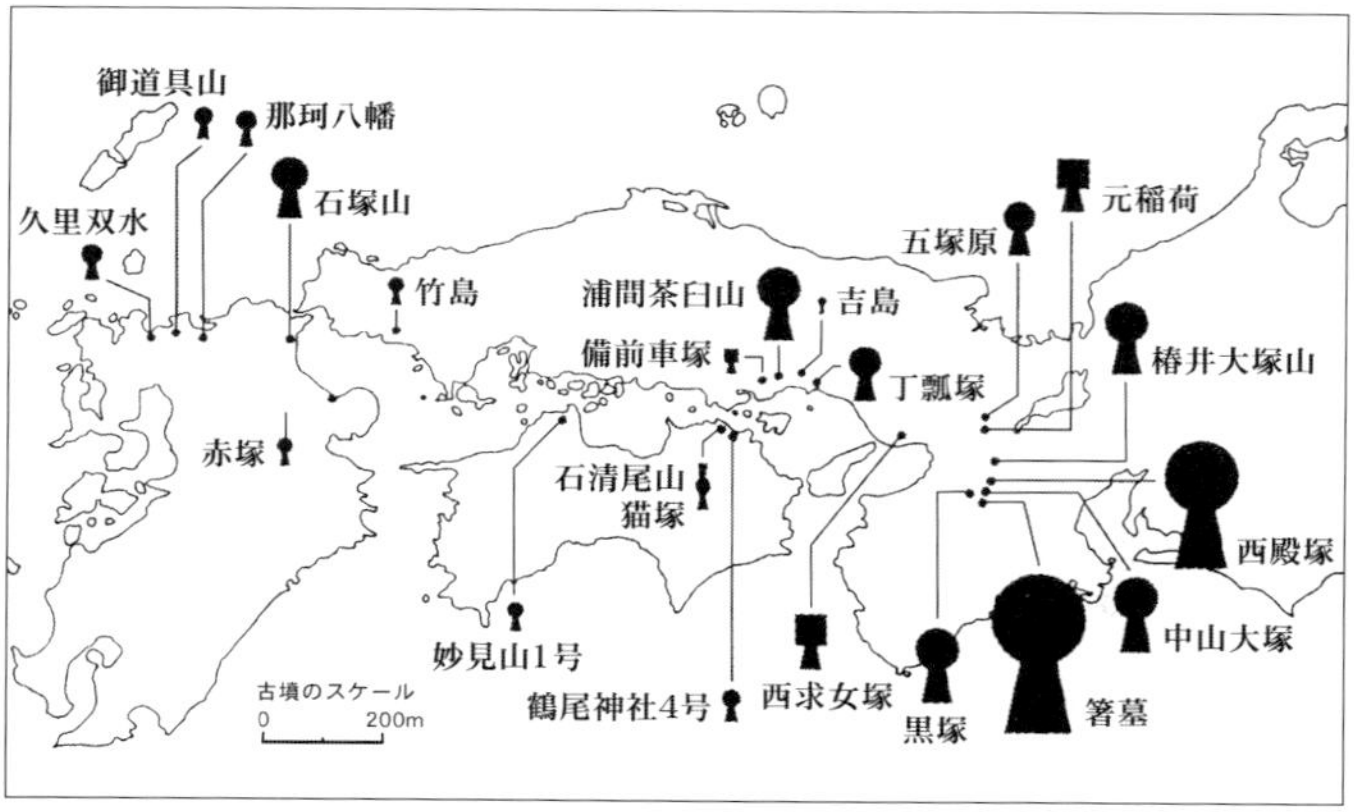

図―1　西日本における出現期古墳（古墳とその時代）

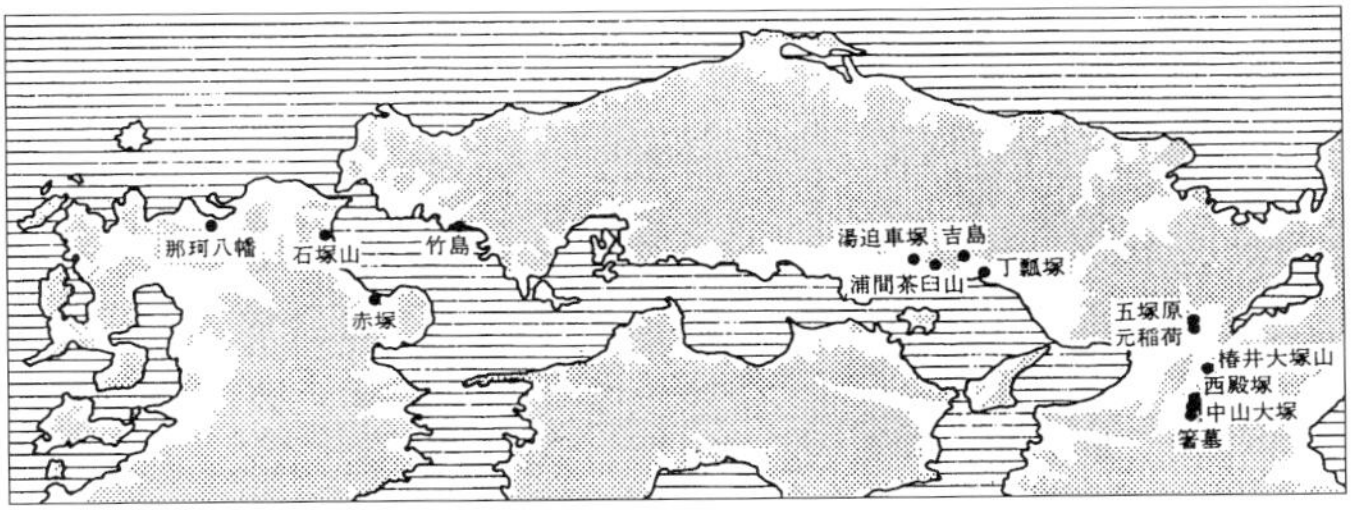

図―2　初期の前方後円墳（前方後円墳の出現）

そして図―1について同氏は「いま、西日本における出現期古墳の分布状況をみてみると、畿内地方に箸墓古墳など最大級のものがあらわれ、ついで吉備地方に箸墓の二分の一の墳丘規模をもつ岡山市浦間茶臼山古墳（墳丘長一三八メートル、三一・二一一ページ）北部九州でも瀬戸内側の豊前に福岡県苅田町の石塚山古墳（同一二〇メートル、三六ページ）など大型の古墳がみられる。こうした畿内を中心とする古墳の分布のあり方は、その後古墳時代前期から中期、後期にも基本的に変わらず、継続する。このことからも古墳の出現がヤマト政権とよばれる広域の政治連合の成立と関係することは疑いなかろう。この政治連合に加わった首長たちが、その身分秩序に応じて大小さまざまな規模の古墳を営んだものと考えられる。」と説明が加わります。

そしてまた 図―2は同様「初期の前方後円（方）墳」として『前方後円墳の出現・季刊考古学別冊8』に掲載のもので、筆者福永伸哉氏は「京都大学考古学研究所で作った図」と述べています。

京都大学は、邪馬台国大和説のメッカであることは周知のとおりで、この図も同様に多くの書籍へ転載されています。

揺らぐ年代観

白石氏は「古墳の出現がヤマト政権と呼ばれる広域の政治連合の成立と関係する」として「邪馬台国」とは述べておられません。しかしA氏が、図―1、2をみて「邪馬台国はヤマト」と信じ込まれたのは十分に理解できます。が、ここに掲載された発生期、初期の古墳をそのまま鵜呑みにしてもよいものでしょうか。

石野博信氏（徳島文理大教授）が、かつて橿原考古学研究所に在職されていた頃から幾度も氏のご高説を聴講しましたが、講話を伺うたびに古墳発生の時期が繰り上がる、そのつど驚いた記憶があります。

河上邦彦氏（橿原考古学研究所）は纏向石塚を二〇〇年ころ、続いて勝山、二三〇年後半頃にホケノ山、二五〇年頃に矢塚、引き続いて中山大塚、矢ハギ、天神山、箸墓、黒塚を、次いで三〇〇年頃に下池山、西殿塚を、と従来より可成り大幅に年代を繰り上げたお考えのようです。

また、奈良国立文化財研究所光谷拓実氏が一九九六年に、池上曽根遺跡の大型建物用材のヒノキを年輪年代測定、紀元前五二年と発表して大きな問題を提起しました。

池上曽根遺跡は従来一世紀半ばとされていましたが、紀元前一世の半ばとなれば近畿地方の土器編年を従来より五〇～一〇〇年古く修正すべきだ、と考古学者は仰天しました。

これに関して西谷正氏（九州大教授）は「畿内の弥生遺跡の年代が繰り上がれば、古墳時代の始まりも繰り上がり、卑弥呼の没年代の前方後円墳の出現時期や奈良纏向遺跡などの時代が合致してくる」

盛岡秀人氏（芦屋市教育委員会）は「卑弥呼の時代は弥生時代後期とイメージされていたが、これで古墳時代に含まれる可能性が高まった」

寺沢薫氏（橿原考古学研究所）は「実年代が百年繰り上がったとしても、古墳時代まで繰り上げて、邪馬台国と結び付けるのは短絡すぎる」と批判するコメントをそれぞれ新聞に寄せています。（一九九六・四・二七　朝日新聞）

☆池上曽根遺跡＝大阪府和泉市と泉大津市にまたがる弥生中期遺跡、奈良・唐古鍵遺跡とならぶ環濠集落で全体の広さ約六〇ヘクタール。一九九五年に神殿と見られる高床式建物（一三三平方メートル）と井戸がみつかり、さらに二〇〇四年には紀元前一世紀の高床式倉庫、建物跡が四棟が発見されています。

巨木が伐採され直ちに建築用材に転用されたとは思えません。一〇年二〇年以上も遅れたことでしょう。数十年を経て再利用された可能性もなしとしませんが、この問題が投げかけた波紋は小さくありません。

和泉市教育委員会は調査を続け「大型建物は、過去に二回建て替えられていて最初の建物開始は紀元前一〇〇年ごろになる」と発表し、次いでこれまでに発掘された大型建物より以前に建てたと思われる柱穴六四個所、さらにその前身とおもわれる建物の柱穴二〇個所が発掘され、柱穴の重なり方や深さから建物が順次三代にわたって建て替えられたと判断し、ＢＣ五二年と測定されたヒノキの用材は最初のものを転用した可能性があって最初の建物の時期である可能性が高い。と発表しました。（一九九七・二・五）寺沢薫氏も同様に総括しています。

そして狭い日本の各地

池上曽根遺跡

大型建物に2度建て替え跡

初代建築、紀元前100年ごろ

大阪府和泉市と泉大津市にまたがる弥生時代の環濠（かんごう）集落、「池上曽根遺跡」を調査している和泉市教育委員会は四日、大型建物は過去に二回建て替えられていて、最初の建築開始は紀元前一〇〇年ごろになる、と発表した。一昨年六月に見つかった同遺跡の建物については、年輪年代測定法で、建物跡に残っていた柱（ヒノキ）の伐採時期が「紀元前五二年」であることがわかっていた。

和泉市教委の説明によると、これまでに発掘されていた大型建物より以前に建てられたと思われる建物の柱穴十四カ所と、さらにその前身とみられる建物の柱穴二十カ所が発掘された。同市教委では柱穴の重なり方や深さなどから、建物が順次三代にわたって建て替えられたと判断。さらに、初代の柱穴の十カ所には、最大で直径約三十五㌢の柱

大型建物跡の下層からみつかった前身建物の柱穴には、柱の根元が残っていた＝大阪府和泉市の池上曽根遺跡で（和泉市教委提供）

1997年2月5日の新聞報道

で調査発掘が続き、次々と新しい発見が報告、報道され、従来の説が新しく書き変えられたり、従来の説が覆る例も少なくありません。

その中で、例えば箸墓（一六ページ）は宮内庁の管理のため内部調査はおろか、周辺部の調査も許されませんが、それでも年代を推定する資料は以前より増えており、それらの資料を基にしても、定型化した巨大古墳は箸墓から始まることは確実でしょうが、箸墓を「古墳発生期」の古墳とするには、少しばかり疑問があります。

年代の遅れると思われる古墳のいくつかを「発生期」にあて、規模を単純に比較していいものでしょうか、疑問が湧きます。

白石太一郎氏が「発生期古墳」に挙げ、福永伸哉氏が引用した「初期古墳」について僅かの例にすぎませんが、大和と各地の古墳を調べることを試みました。

築造時期の判断は墳形にもよりますが、重要な決めてになる土器編年も研究者によって年代が相違します。年代にある程度の差違の生じることはいたし方のないことです。

前期、発生期古墳（図1、2について）

引用された前期、発生期古墳の概要は次のようです。（古墳名の下は墳長）

【箸　墓】二七六メートル

前期最大の前方後円墳で箸墓をもって古墳時代のはじまり、とする強い説があります。

宮内庁の管理下にあるため内部立入りは無論、調査観察などはできませんが、周辺部の調査、また宮内庁の資料公開によって、少しずつ判かることが増え、特殊器台（宮山型、都月型）布留0型（三世紀後半～四世紀初頭）土師器などから、三世紀末まで年代を繰り上げることが可能になりました。

いま立ち入ることは許されませんが、かつて里人たちはくびれ部を畑のへの通路にしていた時期もあったとか、そして後円部には大きな凹みがあるそうです。「埋葬部の陥没か盗掘の跡ではないだろうか」と村の古老に伺ったことがあります。

壬申の乱では吉野方がここに砦を築いたこともあって、内部埋葬施設にも人手が入ったことでしょう。

古墳巡りを始めた頃、田辺昭三著・古墳の謎（一九七二年）で『トレンチ（試掘溝）のあとがある』ことを知って驚ろきましたが、桜井市教育委員会S氏も「トレンチのことは聞いたことがある」とのことでした。

誰が掘ったか知る由もありませんが、トレンチはどうも事実のようです。

高名な学者、研究者の中に「卑弥呼の墓」とお考えの方が多数おられます。箸墓については問題も多く、項を改めます。

☆都月型円筒埴輪＝特殊器台から発展した最も古い「円筒埴輪」岡山市・都月坂1号墳（三三メートルの前方後方墳、六五メートルの丘陵上）で最初に発見され、その分布は吉備、播磨、摂津、河内、山城、近江、出雲に及んでいます。「完成された文様」とされ、箸墓でも確認されています。

宮山型特殊器台

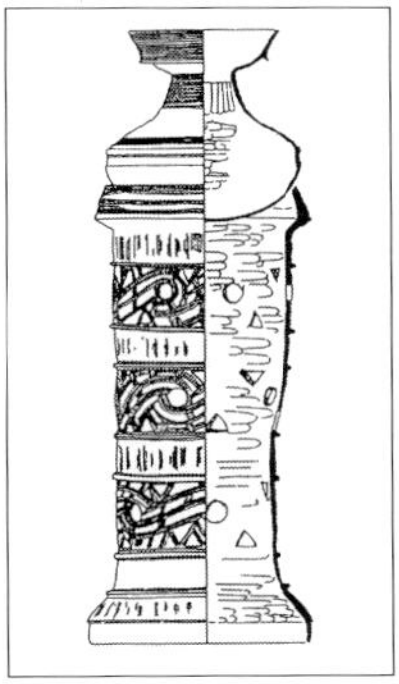

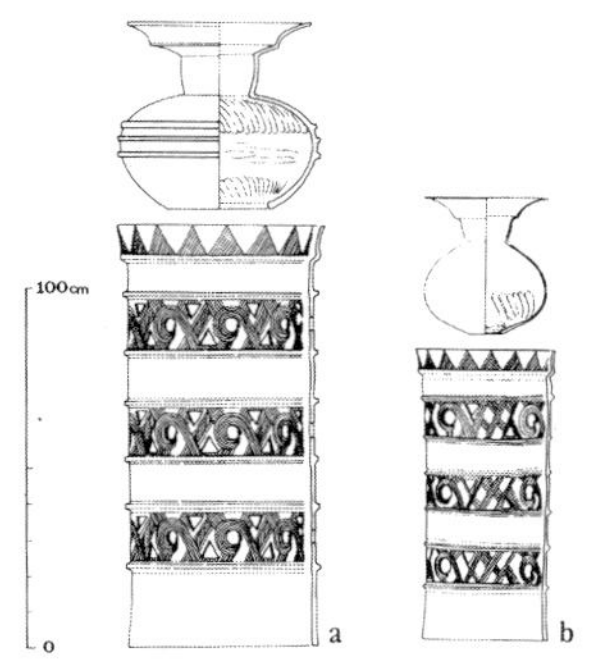

特殊器台型・壷型埴輪（a.箸墓古墳、b.都月坂一号古墳）

（国立民俗学博物館展示シート、縮尺不同）

【西殿塚】二三四メートル

宮内庁の管理で内部を窺うことはできませんが、一九九一年一〇月に宮内庁が小さな土器片、三世紀後半の宮山型特殊器台を発表しました。一部マスコミが「邪馬台国のナゾ見えた。女王壱与が眠る陵墓!?。ロマン呼ぶ土器片、学者ら興奮」と報じました。

周辺部の調査も進み、築造の時期については研究者の意見が分かれますが、箸墓より遅れることは確かで、四世紀初頭があてられています。

明治九年に「継体妃・手白香媛陵」に指定されましたが、年代に二〇〇年の差があることはよく知られています。

この点について「後世に追葬の可能性がある」という答えもあるようです。

西殿塚

【中山大塚】　一二〇メートル

三世紀後半があてられ最古級とされています。竪穴式石槨は盗掘されていましたが二仙四獣鏡片、素環頭大刀、鉄剣、鉄鏃、鉄槍などが出土しました。

石室石材は大阪と奈良の境の二上山、春日山の安山石で、ホケノ山（四八ページ）では用いられなかった石材が運び込まれています。墳丘には『岡山市足守川流域の土で作られたと見られる』宮山型、都月型の特殊器台が置かれていたようで、庄内―布留1式土器（四世紀初頭）もありました。

銅鏡破片は鳥取・桂見2号と類似しているそうです。

山を削り土を盛って墳丘を造成し、その表面に四〇～五〇度の急角度で三～四重、厚さ六〇センチ以上に石を積むという高度な技法で、石材の量は一〇トントラックで八一〇台分、八一〇〇トンにもなります。

墳丘全体に石積み

天理　中山大塚古墳で初めて確認

斜面崩落防ぐ？

かこう岩か　8100㌧

古墳時代初期の大型前方後円墳、中山大塚古墳（奈良県天理市中山町）の調査委員会（委員長、樋口隆康・県立橿原考古学研究所長）は二十四日、同古墳全体に、こぶし大から人の頭大の石が厚く積み上げられ、後円部を除いては目立った段差のない工法で築かれていた、と発表した。墳丘のすべてに石を厚く積んだ古墳が確認されたのは初めてという。

中山大塚古墳は全長約百三十㍍、三世紀末ごろの築造と見られる。今回、前方部を中心に九カ所、計約四百平方㍍を調査した。

古墳は丘の尾根を平らに削り、盛り土してあった。

墳丘のすそには高さ一㍍、幅六㍍の縁が巡らしてあり、その内側から高さ約十二㍍の墳上まで、四〇―五〇度の急角度で石を積んでいた。石は三、四重で、厚さが六十㌢以上あった。使用された石は十㌧トラック八百十台分、約八千百㌧。大部分は地元のかこう岩らしい。

初期の大型の前方後円墳はこれまで、平野部を見おろす山を整形し、表面に石を「張る」と考えられていた。しかし、今回の調査では、山を削り、土を盛って墳丘を造成し、その表面に石を積み上げていた。また、墳丘は段差を設けて築くのが普通とされていた。

中山大塚古墳は、大和の前方後円墳では日本最古級とされる箸墓古墳の北約三㌔にある。一九九三年の調査で後円部から、平たい石をカメのこうら状に積み上げた全長七・五㍍の特異な竪穴石室が出土、大和政権のナンバー2の墓との見方が出ていた。

都出比呂志・阪大教授（考古学）は「特異な構造だ。急斜面で石が崩れないようにするため、大きな石を厚く積んで頑丈にしたのだろう」と話している。

中山大塚古墳で出土したふき石。急斜面に厚く積みあげてあった＝24日午後、奈良県天理市中山町で

現地説明会は二十九日午前十時半、午後一時半、同三時の三回。三十日は説明はないが、見学できる。奈良交通中山町バス停から約三百㍍。

1994年10月25日の新聞報道。

大和政権№,2の墓、と朝日新聞が報じました（一九九四・一〇・二五）が、箸墓の主を№,1と見做したものでしょうか。

一九八六年に「大和の古墳、墳丘研究会・石部正志氏ら」が調査の結果、これまで考えられていた前方後円墳でなく、双方中円の原形と判明、出土した特殊器台片は古代吉備の製品で、弥生時代の楯築墳丘墓と同じ直弧文が刻まれているうえ、両墳の形がよく似ています。

各地で三世紀代の墳丘墓が発見されています。多元発生説も考え直す必要がある、と思います。

☆素環頭大刀＝大刀の把頭（つかがしら）の丸いものを環頭大刀と呼び、その中で把頭に模様のないもの、把頭が丸く抜けているものを素環頭大刀としています。

☆楯築墳丘墓＝倉敷市にある弥生時代後期の大型墳丘墓、約八〇メートルの双方中円形で中央の大きな土壙から多数の玉類や鉄剣が発見されました。墳頂部には亀石と呼ばれる弧帯文石や大きな立石が並ぶように立ち、特殊器台や壺、小型土器を出しています。

☆直弧文＝古墳時代、武器、武具、石棺、また石室内に装飾された呪術的文様で、直線と弧線を組み合わせたように見える特殊な文様。

【黒　塚】一二七メートル
三世紀後半~四世紀前半、それより早い時期ではないようです。
三角縁神獣鏡は大和政権が各地の首長に分与した、とする説が強い中で、奈良から三角縁神獣鏡が多量に出土しないことが長年のネックでしたが、中心地から一挙に三三面も発見されたことによって「これぞ卑弥呼の鏡。邪馬台国はこれで決まり」と大センセーションを巻き起こしました。

現地説明会で、寒空に三時間余並んで石室を覗きこむことができましたが、三角縁鏡は全て棺外に置かれ、丁重な扱いとは見受けられませんでした。

ここの兄弟鏡は京都一五、兵庫七、奈良・福岡各五、滋賀四、岡山・大阪・岐阜・静岡各三、群馬　愛知　徳島　香川　広島　宮崎に各一と極めて広範囲に及びますが、日本海側にはなぜか及んでいません。

重要な点ですが、三角縁鏡を出土するのは四世紀以降に築造された古墳に多く、中には五世紀末もあるようです。

石室の構造では中山大塚→黒塚→下池山の順になる、との見解もあります。

大和の地から多量の三角縁鏡の出現したことで、舶載鏡説が強くなりましたが、一方では「これだけ多量にあるのは特殊な意味を持つ鏡でない。明器に過ぎない」とする反論が強調されました。

☆三角縁神獣鏡＝銅鏡の縁の断面が三角形になって、内区に神と獣のレリーフがあります。直径二〇センチ以上が多く従来の舶載鏡よりジャンボサイズも特徴の一つです。

邪馬台国の卑弥呼が魏から下賜された景初三年の年号や中国の地名人名の刻まれた鏡があるためこの種の鏡を「卑弥呼の鏡」と考え、初期のヤマト政権が配布した、そしてその推理が「邪馬台国畿内説」の根拠のひとつになっています。

☆明器＝墳墓のなかに埋めるため特製した非実用的な器材。死者の来世の生活のため供した物で、中国では殷、周の時代から漢、唐の年代に盛行しました。

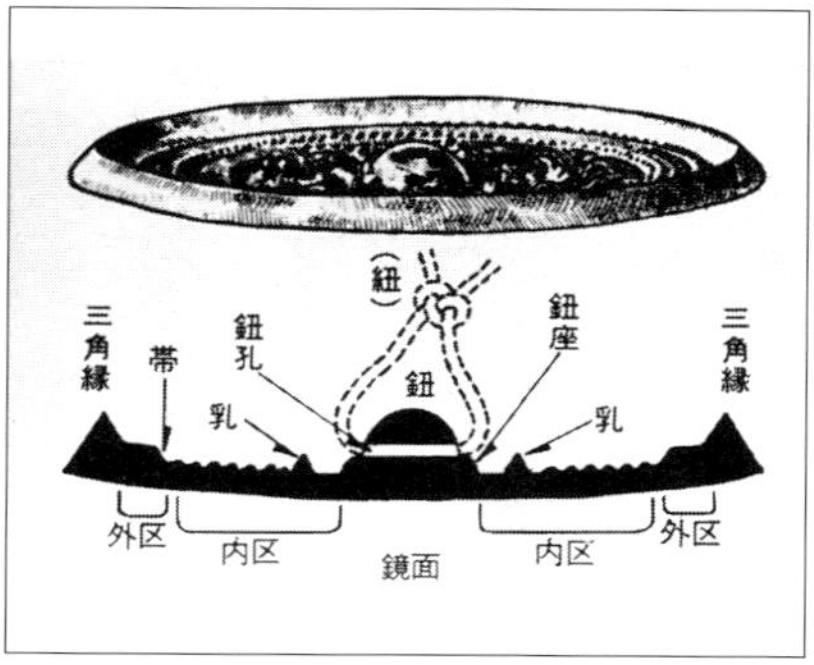

三角縁神獣鏡

【椿井大塚山】 一六九メートル

四世紀前半〜中期とみらます。

ここ「古墳文化、ヤマト王権の原点」については多言を要しません。明治二七年（一八九四年）

国鉄奈良線の開通工事で、くびれ部を切断していますがその頃は全てが未発達の時代で、古墳、出土品の認識もなく数十年を経た一九五三年の拡幅工事で石室を破壊し、膨大な埋葬品が見つかりました。一部は散逸したようですがそれでもなお、三角縁鏡三二面のほか、内行花文鏡、画文帯神獣鏡、素冠頭大刀、鉄刀、剣、槍などの武器武具工具類がありそれらが古代史に与えた影響は大きく、中でも三二面の三角縁鏡は全国といえるほどの広範囲の古墳と同笵の関係があり、前期古墳の中心的存在を明らかにされた小林行雄先生の業績は、いまもなお古代史を左右し、学説を二分する大きな影響を残しています。

一九九二年には出土した破片から最古の「鉄製冠」が復元され、「邪馬台国畿内説を補強」「中国から渡来、日本最古卑弥呼の冠か」とマスコミがフィバー

線路で両断された椿井大塚山

しました。この冠は三角縁鏡の浮き彫りされた東王父が被る「三山冠」に似ていると思われます。ただ築造の時期は、箸墓、西殿塚、黒塚などより遅れることは確かなようです。

なおこの明治年間の鉄道工事では、土取りのため京都城陽市・久津川車塚（墳長一五六メートル、中期中葉）も削り取られ、長持形石棺、銅鏡七面、刀剣五〇、衝角付冑二、短甲五のほか、豪華な副装品が多数出土しました。石棺は竜山石で河内・津堂城山、篠山・雲部車塚の石棺と近似していました。大王クラスの眠りを破ったことになりました。

内行花文鏡（考古学事典）

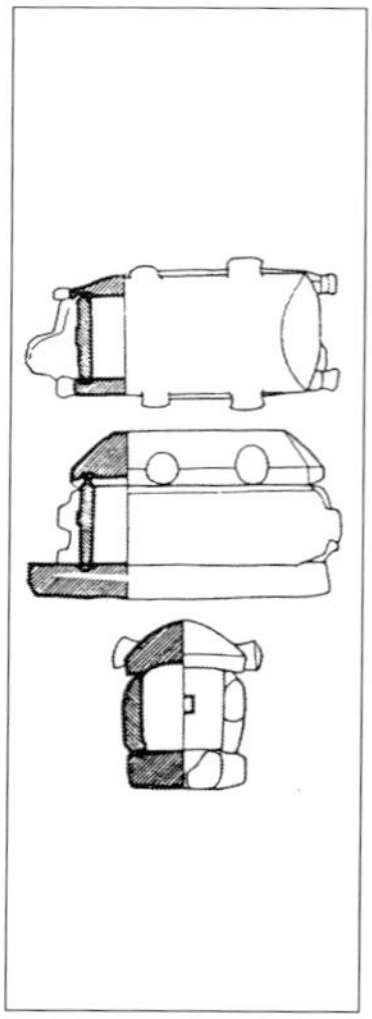

長持形石棺（考古学事典）

☆内行花文鏡＝弧文を内に向かうように連ねた文様の鏡で、後漢時代に多く製作され弥生時代の遺跡や古墳から発見され、また国産も多く造られています。

☆長持形石棺＝古墳時代世紀中期にもっとも発展した組み合わせ式石棺で、底石、側石、蓋石の六石からなります。

☆雲部車塚＝兵庫県篠山市に現存する中期前方後円墳、墳長一四〇メートルで、周濠、陪冢を伴い風格ある姿を今に残します。一八九六年地元民が鉄刀、剣、冑、短甲などの武具、馬具を発掘しましたが石棺内の副葬品は不明です。鳳鳴カントリークラブからの帰路は必ずここへ寄っていました。

【元稲荷】 九四メートル

（京都府向日市） 四世紀前半の前方後方墳。

一九六〇年に第一次調査、一九七〇年に土木工事に先だって第二次調査が行われ、この時の調査で前方部から特殊円筒埴輪と底部穿孔壷形土器が発掘されましたが、同様の土器が一九七一年に纒向からも発見されています。

箸墓と同型の宮山型、都月型特殊器台、また布留古式土師器（三世紀後半）も、また石積みを持ち送りにした合掌式石室で鉄刀、鉄剣なども出土しています。

紀州、大阪池田、地元の石が集まって露出しています。しばらく考えましたが、当時から石材についての執念というか、知識、関心が強かったようで、元稲荷に限らず向日町古墳群には、大坂山、竜山石など各地の石が運び込まれ、三世紀末頃～四世紀初め頃には向日町と紀州、播磨を結ぶネットワークができていた、と考えらえます。

向日市史には「元稲荷古墳の埴輪においては壷と円筒形の器台部とか別々に作られており、これらが結合した形を模して作られた朝顔形円筒埴輪がまだ成立していないことを示すものであり、弥生時代のもっとも前期古墳の典型的な円筒埴輪の橋渡しをする畿内地方の資料として重要な位置を占めるものである（中略）この埴輪の出土や葺石の示す特徴によって前期古墳の中でも古い様相をしめす」とありますが、向日市埋蔵文化財センター・梅本康弘氏は「向日市の前期古墳、元稲荷、寺戸大塚、五塚原、妙見山などは四世紀以降」と見ておられるようです。(古代を偲ぶ会二八七回例会)

☆土師器＝弥生土器の系統につながる素焼きの赤褐色の土器で、文様は少なく実用的に煮炊きや食器に使われた土器。

☆合掌式石室＝飛騨地方の合掌式建物の屋根のような形に、石を積んで持ち上げた石室。

【五塚原】 九四メートル

(京都府向日市)元稲荷に遅れ、四世紀中期以降か後半ころでしょう。向日町古墳群の前方後方墳・元稲荷、前方後円墳・五塚原、寺戸大塚の墳丘長、後円(後方)部径(幅)がほぼ同じ規模であることは、この地方の首長の結び付きを示すものでしょう。あるいは何か根拠があったのでしょうか。

この付近から「首長の館の跡」がいくつか発見されています。調査が進めばまだまだ増加するでしょう。しかし、大和古墳群の周辺からまだ「首長館の跡」が全く現れないのはなぜか不思議なことです。

もっと研究議論されてもいい問題、と思います。

【西求女塚】九五メートル

（神戸市）四世紀中～後期。従来中期（五世紀）前半とされていましたが一九九三年の調査で、椿井大塚山と同笵の三角縁神獣鏡三面を含み銘文をもつ画文帯神獣鏡など一二面の鏡が発見され、年代がかなり繰り上がりました。

地震で石室が崩壊したことが幸いし、盗掘を免れた副葬鏡の同笵鏡は京都・椿井大塚山、芝ヶ原、奈良・黒塚、佐味田宝塚、大阪・万年山、兵庫・水堂、牛谷天神山、岐阜・内山1号、伝可児町出土、千葉・城山1号、広島・中小田、福岡・石塚山、出土地不明・泉屋博古館蔵と広範囲に及んでいます。

また鏡の形式は古式鏡とされるもの

1993年7月9日の新聞報道。

ばかりで、鏡の編年では椿井大塚山より古い、とみられる点も今後とも問題が残るようです。山陰系の土器も発見され、大和、山陰とも繋がりをもった首長だった、とも考えられます。いくつかの新聞は「神戸からも卑弥呼の鏡」と書きたてました。マスコミの先走りは困ったものです。

【権現山51号】 四三メートル

（兵庫県揖保川町）三世紀末〜四世紀初。

同型鏡は椿井大塚山、黒塚にありました。都月坂型埴輪、竪穴式石槨に割竹型木棺、ガラス玉約二〇〇、鉄製品、木製枕、吉備系の二重縁壷を伴い、築造は庄内式に遡ると考えられます。古墳時代の王権のシンボルとされる三角縁鏡と、吉備の伝統的送葬儀礼の特殊器台を共伴した初の事例で、幾多の問題を含みます。

播磨、吉備、大和につながる権力者、と単純に推定してよいものでしょうが、あるいは吉備から移りその勢力を大和にまで伸ばした、とも考えたい点もあります。

「箸墓と権現山51号を一対六の比で前方部の先端を合わせ重ねると、くびれ部の位置や前方部の墳端のライン、墳頂部の最高点の位置などが一致する」「前方後円墳、前方後方墳という墳形の差を越えて同じ築造プランで作られ、築造集団が同じだったことが考えられる。」（二〇〇三・一二・二〇、産経新聞）と何だか無理やり大和に結び付けたい「強腕の理屈」みたいでした。

権現山の被葬者が大和と吉備に深い繋がりをもった人物であることは間違いないでしょうが、箸墓は平地、権現山は標高一三八メートルの丘陵地の頂に近い一三三メートルの狭い尾根上で、なぜ意識して六分の一にする必要があったのか？説明がつきません。

浦間茶臼山（二一一ページ）といい、なにか変な新説がでます。

【丁瓢山《よろひさごつか》】一〇四メートル

（兵庫県姫路市）播磨にも大和に匹敵する一〇〇メートル級の大型初期古墳がありました。土師器壷形土器。山陰系特殊器台を備えた墳丘は箸墓と相似形で、三世紀の後半と考えらます。その頃すでに瀬戸内から日本海側まで繋がりをもった播磨の権力者がいた、そのように考えたいものです。

【吉　島】三六メートル

（兵庫県新宮町）四世紀前〜中期

一八九七年に発掘され、三六メートルの小型墳ですが竪穴式石室は長さ六メートル、龍虎獣帯鏡、波文帯獣鏡、内行花文鏡と三面の三角縁鏡は椿井大塚山、佐味田宝塚、黒塚と、龍虎獣帯鏡は京都・一本松と同笵で、他に玉、鉄刀、剣が副葬されていました。

麓から二〇〇メートルの高地で、揖保川の流域の広くもない平地を見下ろす地点に、これ程の宝物を収集する首長がいました。瀬戸内と山陰を結ぶ要路、水路を支配していたのかも知れません。それにしても墳長三六メートルというのは、すこし小さい規模のように思います。

ここ新宮町は亡父の生まれ育った地、親戚の法事のおりぜひ登りたいと思いましたが「草木が茂ったけもの道。良く知った者でなければ到底無理」と言われ断念しました。

二〇〇四年六月、隣の龍野市の民家の蔵から「古式三角縁神獣鏡」が発見されました。市教育委員会が個人の遺物を調査中に発見したそうです。吉島、権現山に遠くないところですから、知られていない古墳から出土した、とも考えられます。

竜野市立歴史文化資料館で教えていただきましたが「同笵がない新型式で銘文をもつ四神四獣鏡。舶載三角縁神獣鏡の中でも古段階に位置づけられる。福永伸哉氏の編年ではA―D４段階のB段階。銘文は「吾作明鏡甚大好上有仙（人）不知老占有神守及龍虎身有文章口衝巨占有聖人東王父西三母渇飲玉全飢食棗」とあって保存状態は良好だそうです。

【浦間茶臼山】一三八メートル

（岡山市）四世紀前半でしょうか。

後円部に主軸と直角に竪穴式石室が存在していましたが、明治時代にうけた大きな盗掘跡が痛々しく残ります。葺石、都月型器台、壷、細線式獣帯鏡、鉄刀のあったこと以外は、盗掘のため分かっていません。

箸墓の二分の一に造られたとする説がありますが、素直に受け入れられません。二一一ページに私見を述べますが、この地方で発生した土器を具え、すでに発達していた生産基盤を基にして成立した、と考えます。

【湯迫車塚】四八メートル

（岡山市）四世紀前半の前方後方墳です。

一九五六年、後方部の石室から三角縁神獣鏡一一面、内行花文鏡と画文帯神獣鏡各一面のほか鉄剣、鉄刀、

浦間茶臼山

鉄鉾などの武器類、斧などの工具類、土師器の壷などを出土しました。

三角縁神獣鏡は椿井大塚山、黒塚はじめ広い範囲に同笵鏡がありますが、八〇〇キロへだたった群馬、栃木からも二面出ています。

東国討伐に向かった吉備武彦伝説に重なりあうものがある、の説に従うと、吉備の首長が古い時代から大和政権の一端を担い、その勢力拡張に協力していた、ということになりますが、同笵鏡の性格がまだ十分な説明がついていません。

【竹　島】 五四メートル
（山口県新南陽市）四世紀の中頃でしょう。
私企業の工場敷地の中にあり、市教育委員会と企業の間で「教育委員会の公用車でのみ立ち入り、見学が許されている」そうです。市教育委員会から「公用車で案内する。古墳は整備していないが、いまの時期なら蛇もでないので」とまで言っていただきましたが、私ごときアマの趣味のため公用車とはあまりにも恐縮。厚意を謝して辞退しました。断念もやむをえません。
一八八一年に石室から、劉氏作銘画像鏡一面、三角縁鏡片一面分、銅、鉄鏃、鉄斧のほか、椿井大塚山、神奈川・白山と同笵の三角縁四神四獣鏡を出しています。

【妙見山1号】五六メートル

（愛媛県大西町）一九九二年に特殊器台（庄内式と布留式の中間的）を発掘、瀬戸内海人集団の首長墓と見られますが、この古墳についての報道がまっ二つに分かれ、私たち情報の受け手は、一つの事実をどのように受け止めればいいのか、判断に苦しむ状態でした。

即ち一九九二・七・一五、の読売新聞は一面トップ、さらに他面二ページと重大事件並みのスペースを費やし「特殊器台を復元、箸墓と同年代、邪馬台国畿内説を補強」と報じ驚かされました。さらに登場した大塚初重氏は「これだけ早く勢力を広げたのは、邪馬台国が大和にあったと考えるしかない」とコメントしています。

愛媛に最古級の前方後円墳
妙見山古墳
邪馬台国「畿内説」を補強
出土土器 箸墓（奈良）と同時代
愛媛大調査

1992年7月15日のオーバーヒート気味の報道。

また石野博信氏の「前方後円墳の形式でありながら、独自の特殊器台を使ったのは大和の指示にすんなり従わなかったことを裏づける」との見解も併せて掲載しています。

そして同日の朝日新聞は中面、九・五センチ×六段程度のスペースで「四国初の特殊器台、四世紀半ばの祭祀用」とし発掘調査にあたった下条信行・愛媛大学教授の「大和の影響を受けながら地域文化が発達したものではないか」の談話、さらに森泉皎氏（橿原考古学研究所）の「四世紀後半の布留式と似ているが、布留式は高さが一メートルもあるなど高さ大きさがかなり違う」の意見も併せて載せていました。

築造時期について発掘された下条教授の見解は両紙とも掲載していません。慎重に検討され軽々な発言を差し控えられたと察します。

四国では初の発見ですが、吉備の円筒型特殊器台は埴輪に変化していく祭祀用土器で、妙見山の器台はこの様式と異なるようです。

ともかく、邪馬台国大和説を唱え支持する先生方は、全てを大和に結び付ける強引な「我田引水」で熟慮、研究の姿勢が感じとれません。高名な学者、研究者は影響の大きさを考え、より慎重にご発言願いたいものです。

【赤　塚】五八メートル

（大分県宇佐市）四世紀前半

一九二一年後円部中央の箱式石棺から三角縁神獣鏡五面、管玉、刀片各三、鉄斧、土器片などが検出されました。三角縁神獣鏡は福岡・石塚山、京都・椿井大塚山、長法寺南原、三重・筒野と同笵鏡でした。

　出土当時の状況の伝承によれば、棺内の鏡は中央に垂直に立てられた状態で左右一列に並び、さらに中央の鏡の前後に各一面の鏡を半ば埋めて十字型に配置してあったといわれます。

　黒塚の出土した状態と大変異なりますが、後世に再埋葬の可能性もあるようです。

　二〇余年前の古いことですが、宇佐風土記の丘を見学したおり「四世紀初めに造られた九州でもっと古い前方後円墳で、中国製銅鏡は大和政権から授かった」と説明されていました。

赤塚　1984年7月27日

【石塚山】一二〇メートル
（福岡県苅田町）四世期前半～中期でしょう。

よく整備された古墳公園のようで、奈良・葛城市の屋敷山（一三五メートル）を連想する保存状態でした。一七九六年にはすでに石室が発掘され、遺物が持ち出されています。

当時、鏡一四面、剣、鉾、鉄鏃などがありましたが、現存する三角縁鏡は四神四獣鏡三面、獣帯文三神三獣鏡三面、六神四獣鏡一面の計七面で、福岡・御陵、原口、大分・赤塚、岡山・車塚、奈良・新山、京都・椿井大塚山との同笵鏡は残っていましたが、他の七面の行方は不明です。

そのほか、素環頭大刀、碧玉管玉、琥珀製勾玉、鉄鏃、小札革綴冑を伴出しています。

石塚山

【那珂八幡】七五メートル

（福岡市）石塚山とほぼ同じ時期でしょう。

後円部に神社が鎮座し一部は道路に、前方部も人家などに削られて大きく変形しています。

第二主体部は割竹形木棺直葬で硬玉管玉、ガラス玉などとともに、椿井大塚山鏡と同笵の三角縁五神四獣鏡が残っていました。

博多駅から一つ目の竹下駅で駅員さんに「那珂八幡古墳は？」と尋ねましたが誰もご存じなくしばらくして「那珂八幡神社なら…」と教えていただきました。あれほど変形すれば、古墳に関心の薄い方は「これが古墳」とは思わないでしょう。仕方ありません。

地理不案内でこの日は、福岡バスセンター→金隈遺跡→バスセンター→板付遺跡→バスセンター→JR博多駅→竹下駅、那珂八幡古墳→JR博多と随分回り道

那珂八幡

をしました。

武光誠氏は、那珂八幡と津古生掛を三世紀末と見ておられます。

【御道具山】六六メートル

（福岡県前原市）糸島で古式に属します。この地域はいわゆる魏志倭人伝にいう伊都国にあたり「千余戸あり帯方郡の郡使が常に駐在する地で、諸国を検察する一大率が置かれていた」重要な地です。

弥生末期には豪華な副葬品を伴った三雲南小路遺跡（銅鏡三五面以上、前二世紀）井原鑓溝遺跡（銅鏡数十面、二世紀）平原遺跡（銅鏡四〇面、二世紀）と王墓がつづいて栄えていましたが、三世紀にはその勢いを失ったようです。

これだけの勢力が衰えたのは、権力をもった王者が動いたためか、攻撃されたためでしょうか。

一九八六、一九八七年に教育委員会が、周辺の調査を行い周濠、葺石を確認しています。

【久里双水】九八メートル

（佐賀県唐津市）出土土器の形式から三世紀末～四世紀初めとされます。即ち前方後円墳発生

佐賀の古墳

後漢の銅鏡出土

鉄製の小刀や管玉も

国内最古級といわれる佐賀県唐津市の前方後円墳・久里双水（くりそうずい）古墳の石室内から、中国・後漢時代につくられた盤龍（ばんりゅう）鏡一面、鉄製刀子（とうす＝小刀）一点、碧（へき）玉製の管玉二点が見つかった、と唐津市教委が二十三日発表した。ほぼ同時期の近畿地方の古墳からは多数の銅鏡などが出土しているのに比べると、副葬品は極めて少なかった。市教委は「畿内政権とは異なる独自文化の存在を裏付ける資料となる」と説明。同席した同古墳学術調査委員会の西谷正委員長（九大教授）は「古墳発生期を解明する大きな研究材料になる」と話している。

盤龍鏡は一世紀から二世紀にかけて中国の後漢でつくられた銅鏡で、全国で五十面近くの出土例がある。今回の鏡は直径十二・一センチ、厚さ二・二ミリ。被葬者の人骨はなかったが、頭付近に置いてあったとみられる。背面に竜とトラが向かい合った文様を持ち、子孫の繁栄を表す「子」の一文字だけの銘があった。

久里双水古墳は、出土した土器の形式から三世紀末から四世紀初めにかけての前方後円墳発生期のものとみられ、「魏志倭人伝」に

久里双水古墳から出土した後漢鏡（上）、管玉（下左）、刀子＝佐賀県唐津市役所で

1992年8月24日　久里双水を最古級と新聞が伝えました。

期古墳とみられ、いわゆる倭人伝の末盧国の首長に関わる墓かもしれません。末盧国は壱岐からの舟が着く地で、「四千余戸あり皆よく魚を捕らえ、水に潜る、前をゆく人が見えぬほど草木が繁茂していた」と倭人伝にあります。

中国後漢時代の盤龍鏡一面、鉄刀子一、碧玉管玉二点と副葬の品は多くありませんが、市教育委員会は「畿内政権とは異なる独自文化の存在を裏付ける資料になる」と説明し、

1、近畿の古墳文化の影響下になかったか、あったとしても影響が少なかった。

2、地理的に近い朝鮮半島や中国大陸の影響を受け、近畿に先行する形で造られた最古級の古墳。

という可能性を示しました。（一九九四・八・二四、朝日新聞）

盤龍鏡は一世紀から二世紀にかけて中国後漢で造られた銅鏡で、全国で約五〇面の出土例があります。

☆盤龍鏡＝内区に龍を半肉刻に表した銅鏡。胴部が鈕に隠れ二〜三頭の頭と尾が、また四頭で尾がないものもあります。国内でも造られましたが、中国では後漢年代に造られています。

冒頭の出現期また初期、として引用された古墳・前方後円墳、前方後方墳はいずれも箸墓以前に遡らず早くて三世紀末か四世紀以降のようで、大型古墳が大和を中心に広がったという説の展開のため引用された「都合のよい」資料のようです。

定型化した最初の大型古墳は箸墓が最初、というのは確かですが、それ以前またほぼ同時期に、大和の地以外に初期、出現期古墳が存在したことは十分考えられます。

三角縁鏡を内蔵する古墳は、もっとも早いと考えられる黒塚でも三世紀末〜四世紀初頭で、中には五世紀末の古墳も含まれ、仮に三角縁鏡を大和から分与された鏡とすれば、それらの古墳は黒塚や椿井大塚山に先行することはあり得ません。

そして「漢式鏡を有する古墳」は「三角縁鏡を有する古墳」より年代が古い、と考えられます。

乏しい資料ですが「前方後円墳集成」「季刊考古学別冊8号、前方後円墳の出現。同第65号前中期の被葬者像」「邪馬台国と古墳・石野博信、学生社」「古墳時代の時間・大塚初重、学生社」「古墳辞典・東京堂」「日本の古墳・森浩一、有斐閣」「古代を考える 古墳・白石太一郎、吉川弘文堂」「考古学辞典・東京創元社」などのほか幾多の書籍、各特別展の図録や調査報告書、調査概報などを参考に、また三〇余年間の新聞雑誌のスクラップブック五〇冊などから各地の初期古墳を拾い出して見ることを試みました。

第二章　箸墓などに先行する古墳

箸墓は最大の初期古墳で、箸墓をもって古墳時代のはじまり、と区分する説が優勢です。箸墓は宮内庁の管理のため内部調査はおろか、周辺部の調査も遅々として進みませんが、それでも年代を推定する資料は以前より増えており、それらの資料を基にしてもなお、箸墓は初期に相違ありませんが「発生期」の古墳とするには、少しばかり疑問があるようです。

年代の遅れると思われる古墳のいくつかを「発生期」にあて、図1~2（一〇・一一ページ）のようにサイズ、規模を単純に比較していいものだろうか、疑問です。

築造時期の判断は墳形にもよりますが、重要な決め手になる土器編年も研究者によって相違します。年代にある程度の差違の生じることはいたし方ありません。

奈　良

【纏向石塚】九三メートル

（桜井市）数次の調査で最古の古墳であることは確実でしょう。

築造の年代は研究者によって差がありますが、多くの方が二二〇年~二五〇年を考えておられるようです。

三〇数年前に初めて訪ねたおりは、低い段丘は開墾された野菜畑で精々二～三メートルほどの高さの中央にはミカンのような木が一～二本で、とても古墳とは思われず、周辺の勝山、矢塚、小学校の位置、地形を確かめて「石塚」と判断できるまで時間を要しました。

戦時中には高射砲を据えた、とも聞きましたが事実とすれば墳頂も削られ埋蔵物も破砕され、墳形も変形したことでしょう。現在は市が管理して公園のように整備されています。

【巻野内石塚】 六〇メートル

従来は六世紀の円墳と見做されていましたが、三世紀中頃の築造、墳長六〇メートルの纏向型前方後円墳でホケノ山の三分の二の規模とわかり、一挙に三〇〇年も繰り上がりました。(二〇〇二・五・一四、産経新聞)

調査中の纏向石塚（1989年）

外形は円墳状で、ホケノ山の現地説明会の帰路、初めて知ったおりは六世紀の円墳と聞きました。前方部は削平されています。

【勝山古墳】一〇〇メートル

（桜井市）二〇〇一年一～三月の調査で、検出した祭祀用具とみられる木製品約二〇〇点のうち一〇点を

6世紀の小円墳→3世紀中ごろの前方後円墳

奈良・桜井市の纒向遺跡内

邪馬台国畿内説を補強

点線で囲まれた部分が前方後円墳だったとみられる奈良県桜井市の巻野内石塚古墳（桜井市教育委員会提供）

邪馬台国の有力候補地とされる奈良県桜井市の纒向遺跡で、これまで六世紀ごろの小円墳とみられていた巻野内石塚古墳が、近くのホケノ山古墳と同じく三世紀中ごろの前方後円墳とみられることが十四日までに、同市教委の調査でわかった。邪馬台国畿内説を補強する材料として注目される。

同市教委では今年一月末まで、墳丘や周濠の一部調査を実施。円墳部の北東に約二十メートルの前方部が確認され、全長約六十メートルの前方後円墳だったことがわかった。また、周辺で墳丘を覆っていた葺石とみられる石材なども見つかった。

ホケノ山などの古墳は「纒向型前方後円墳」と呼ばれ、前方部が後円部に比べて小さいのが特徴。纒向型のうち葺石が見つかっているのはホケノ山だけで、巻野内石塚古墳は、全長約八十メートルのホケノ山を三分の二のサイズで模したとみられている。

その大きさなどから、被葬者はホケノ山ほどの高貴な人物ではないとみられるが、同市教委は「ホケノ山を盟主とするグループが存在した可能性がある」と指摘している。

2003年5月14日巻野内石塚を三世紀とした新聞の報道。

勝山

年代測定したところ、一点から「一九九年」の測定結果を得られるなど「周濠から得られた木製品が三世紀初頭の伐採」と橿原考古学研究所と奈良文化財研究所が発表しました。

また周濠から纏向2～4類（三世紀前半～四世紀前半）の土器類も多数見つかり、これらの結果、従前から〈古墳の始まりは三世紀後半〉と考えられていましたが、一挙に数十年遡る可能性が出てきました。

【矢　塚】九六メートル

（桜井市）纏向Ⅱ式土器（三世紀中頃）がセット出土しています。

【ホケノ山】八〇メートル

（桜井市）第4次調査現地説明会が二〇〇〇年四月

矢塚

に行われました。中心部主体部は我が国で初めて確認された特殊な構造の埋葬施設「石囲い木槨」で、木槨の周囲に河原石を積み上げて「石囲い」を作る二重構造で、長さ約五メートルの高野槙製刳抜式木棺をおさめていました。

庄内式土器、後漢末画文帯神獣鏡、内行花文鏡片、鉄製刀剣類一〇口ほど、鉄鏃一〇〇余点、銅鏃八〇余点、鉄製農工も多数のうえ、木棺材は年輪年代測定で三〇～二四五年を示したため「邪馬台国はやはり畿内」と各新聞は大きく湧いた報道をしました。

「それでも邪馬台国は九州だ」

ホケノ山古墳発掘で勢いづく畿内説に反論者

ホケノ山古墳の発掘調査の発表で考古学ファンは沸いている。邪馬台国は大和にあったという有力な傍証だという学者も多く、邪馬台国所在地論争に終止符が打たれるのかと思ったら、「それでも邪馬台国は九州にある」という学者の声はまだ大きいのである。

「邪馬台国畿内説を唱えていた人たちがはしゃぐのはわからないでもないけれど、ホケノ山古墳をすぐに邪馬台国と結びつけるのは短絡的ですよ。ましてホケノ山古墳が卑弥呼の父の墓で箸墓古墳が卑弥呼自身の墓だなんて怪しげな空想。私は逆に九州説が強まったと考えています」

と話すのは、吉野ケ里遺跡の研究で知られる高島忠平・佐賀女子短期大学教授である。その根拠は後述するとして、まずはホケノ山古墳について説明しよう。

奈良県桜井市のホケノ山古墳は、全長約八十メートルの前方後円墳である。

埋葬施設は後円部中央にあり、石で囲った木槨内に長大なコウヤマキ製のくりぬき式の木棺を置く「二重構造」となっていた。中からは直径十九センチの画文帯神獣鏡や他の鏡の破片なども見つかった。

素環頭大刀を含む鉄剣類十本、「庄内式」と呼ばれるつぼ形の土器二十個なども残っていた。

調査した大和古墳群調査委員会（委員長＝樋口隆康・奈良県立橿原考古学研究所所長）は、土器の様式などから古墳の築造時期を三世紀中ごろと断定した。

これまで古墳は三世紀後半に初めて出現したとされてきたが、ホケノ山古墳は数十年さかのぼった日本最古の古墳であると説明している。

中国の史書「魏志倭人伝」では、邪馬台国にいた女王・卑弥呼は二四八年ごろに亡くなったらしいとされる。ホケノ山古墳と邪馬台国の時期とが一致するとして、

ホケノ山で邪馬台国所在地論争が再燃しました。
（2000.4.14.週刊朝日）

二重口縁壺は庄内式で、箸墓より古く三世紀中葉と判断〈現地説明会資料〉三世紀第2・四半期頃にあたるでしょう。この頃にはまだ三角縁鏡の副葬はありません。

石材は地元産で、二上山付近の板石もまだ用いられておらず、後出の古墳とは歴然とした差があるようです。

倭人伝との対比で注目するのは「（邪馬

台国は）その死には棺あるも槨なし」の記述でホケノ山には木槨がありましたが、いずれのマスコミも全く触れなかったようです。

【馬口山】九〇メートル以上

（天理市）一九八九年に特殊器台片を表面採取、他の土器も全て庄内式より古く、箸墓より古い時期に位置付けることができます。（田中新史氏、一九八九・一〇・五、産経新聞）

また、広島県立歴史民俗資料館の資料では「箸墓、矢塚、石塚に先行する最古の古墳」とし、資料製作者はそのように理解されています。これもまた一つの考え方として考慮の必要があるでしょう。

【マバカ】七四メートル

（天理市）前方部の溝から三世紀半ばと見られる土器〈素焼きの古い土師器・庄内式と呼ばれる様式〉が出土しましたが、この土器片はホケノ山と同様で、マバカが箸墓より古い可能性が高くなった、

マバカ

としています。(二〇〇二・一一・一八、橿原考古学研究所)

ホケノ山に匹敵する最古級前方後円墳とみられます。

【波多子塚】一四五メートル

(天理市)一九九二年に採取された殊器台埴輪破片は表面が朱で塗られ、細かな線刻文様が刻まれていました。

三世紀末頃と推定される最古級前方後方墳(山内紀嗣氏)で、東日本と近江に多い前方後方墳が、大和の中心部でも同時期に築造されていました。

【下池山】一一五メートル

(天理市)一九九五年の調査で竪穴式石室に、麻布をはった万全の防排水の設計がなされ、高野槙をくりぬいた木棺内側は朱塗りで、安置した粘土床にも全面に朱が塗られた豪華な作りでした。

三世紀末頃の土器も見つかり、前方後方墳として最古級であるこ

波多子塚

とも判明しています。（一九九五・一二・五、産経新聞）

さらに世間を驚かせたのは、墓壙北西隅の一辺五〇センチほどの別室に径三七・六センチ、四・八八キロもある国内第五位のジャンボ内行花文鏡が、鏡背を上に、板石に立て掛けられた状態で納められていました。

当時の技術を結集したもので、樋口康隆氏も「技術陣の意気込みが感じとれる。技術の総力を結集したもので、技術者も中国を越えた、と思ったであろう」語っています。

それ程素晴らしい鏡でした。弥生時代から伝わった三世紀末の国内の銅鏡鋳造技術は、極めて高度なもので、樋口氏の言のとおり「中国を越える技術を持っていた」。

完成度高い国産の巨大鏡
天理で出土

奈良県天理市にある前方後方墳・下池山古墳（三世紀末）から、超大型の国産の内行花文鏡（ないこうかもんきょう）＝写真＝が完全な形で見つかったと二十六日、県立橿原考古学研究所などが発表した。直径三十七・六㌢（重さ四・八八㌔）の銅鏡で、これまで日本で出土した鏡では五番目に大きい。同研究所は「群を抜いて完成度も高い。当時の先進国・中国に追いつけと、総力を結集してつくり上げた鏡だろう」とみている。

（30面に関係記事）

鏡は古代では魔よけの一種と考えられ、遺体の近くから見つかるのが一般的。今回の鏡は、原形をとどめた木棺が出土した竪穴式石室（後方部）から一㍍ほど離れた小石室から見つかった。小石室は五十㌢四方の板石で壁をつくり、天井にも板石を重ねて、ドーム状のふたをしてあった。

鏡は、四つ葉の文様を八つの円弧文（えんこもん）が囲んでおり、中国の内行花文鏡を忠実に模写している。銅質もよく、文様も鋭い線で描かれており、同研究所は「当時の最先端技術を用いた」としている。

鏡の表面には、絹布が付着し、その上に十㌢角の木片があった。鏡を布で包み、木箱に丁重に納めたとみられる。

国内で出土した鏡では一九六五年、福岡県平原遺跡から出土した内行花文鏡（四枚分）が直径四十六・五㌢で最大。この鏡は壊れた状態で見つかっている。

1996年2月27日　完成度高い巨大鏡、と報じました。

この認識は重要なことです。

また鏡の表面には繊維の付着した跡が残っていましたが、二三九年の卑弥呼献上品と同類、幻の「倭文（シドリ）」ともみられます。

長さ五メートル幅八〇センチの木棺は、三世紀末の高野槙製刳抜式でした。

大和では波多子塚とともに数少ない大型前方後方墳ですが、前方後方墳は三世紀後半から四世紀初めに発生した、とする説もあって、下池山をすこし繰り下げる考えも存在します。

近畿地区

【神郷亀塚】

（滋賀・能登川町）古墳から離れて一～二メートルの溝を掘り、墓域を広くとる構造で「三世紀後半の築造、邪馬台国大和説をとれば狗奴国初期王の墓か」と二〇〇三・一一・一五、朝日新聞が報じました。

前方後方墳としては初めて木槨墓が二基も発見されました。木槨墓は弥生時代後期に朝鮮半島から瀬戸内、山陰地方に伝わったとされ、日本海―琵琶湖ルートによる伝来も十分考え得ます。

弥生末期の土器片も見つかり、築造はあるいは二世紀末まで遡る可能性もでてきました。

愛知県埋蔵文化財センター赤塚次郎氏は、前方後方墳は東海地方で発生した狗奴国の墓制で、愛知・尾西市の三世紀初頭、西上免遺跡が最古、と主張されていますが、神郷亀塚はほぼ同時期とみられます。

「濃尾平野から近江湖東が前方後方墳の発生地で、その地の勢力を狗奴国とする説を補強する発見」とする研究者も少なくないようです。

木槨墓はホケノ山（四八ページ）でも発見されていますが、いわゆる倭人伝には「棺ありて槨なし」とあります。

何故かこの問題は俎上に上がりません。

【大森古墳】 六三メートル

（滋賀・高月町）三世紀前半ころ築かれた国内最古級の前

滋賀・神郷亀塚古墳

前方後方墳初の木槨墓

朝鮮半島から直接伝来か

前方後方墳で初めて木槨(もっかく)墓が見つかった神郷亀塚古墳。指さしている部分が木槨(もっかく)墓の断面＝滋賀県能登川町

最古級の前方後方墳とされる滋賀県能登川町の神郷亀塚古墳（三世紀初頭）で、板で囲んだ部屋に棺を納める木槨（もっかく）墓が二基見つかり、同町教委が十三日発表した。

町教委によると、木槨墓は弥生時代後期に朝鮮半島から瀬戸内や山陰地方に伝わったとされる埋葬形式。前方後円墳などでは見つかっていたが、前方後方墳では初めてで町教委は「朝鮮半島から直接伝わったのだろう。中国、朝鮮から文化や技術を伝えた日本海・琵琶湖ルートの重要性がうかがえる」としている。

弥生時代の墳丘墓は複数の墓があったが、古墳が二つの木槨墓を持つケースは珍しく、弥生から古墳時代の過渡期だったことを裏付けるという。

木槨墓二基は約一㍍離れて東西に並び、一回り大きい東側が長さ約四・六㍍、幅一・三㍍で深さ一・二㍍。粘土板を敷いた床に幅約五十㌢の木をくりぬいた棺を据え、側

2003年2月14日の新聞報道。

前方後方墳、発祥は滋賀？

大森古墳 最古級と認定

高月町教委

滋賀県高月町松尾の大森古墳が3世紀前半ごろに築かれた国内で最古級の前方後方墳（全長63㍍）とみられると同町教委が21日、発表した。前方後方墳は東海地方が発祥地とされてきたが、最近になって滋賀県内で最古級の前方後方墳が相次いで見つかっており、近江を発祥地とする見方も強まっている。

大森古墳は、琵琶湖東側の丘陵の尾根上に分布する山畑古墳群の一つ。町教委によると、古墳は前方部が長さ25㍍、幅17～27㍍、高さ2・75㍍で、先端部は三味線のばちのように弓なりに開いていた。後方部は長さ38㍍、幅30㍍、高さ4・3㍍。3世紀の前方後方墳としては最大級だった。

大和政権と関係の深い古墳とされる前方後円墳に対し、前方後方墳は東海地方がルーツとされている。愛知県尾西市の西上免遺跡（3世紀前半）や岐阜県養老町の象鼻山1号墳（3世紀後半）など、両県を中心に約50基の前方後方墳が確認されている。

一方、滋賀県内でも約50基の前方後方墳が見つかっており、昨年は能登川町の神郷亀塚古墳と新旭町の熊野本古墳群6号墳が、ともに3世紀前半の前方後方墳と確認された。

現地説明会は24日午前11時から。問い合わせは高月町役場（0749・85・3111）へ。

2002年11月22日　大森を最古級とした新聞報道。

方後方墳、と二〇〇二・一一・二二、に高月町教育委員会が発表しました。

高月町には全長六〇メートル、三世紀の土器、内行花文鏡を出した小松古墳もあります。三世紀の湖北は大和、河内系の土器も多く、東海系土器の特徴も濃尾地方より早く成立した可能性もあります。

琵琶湖上の交通を活用して、日本海⇕大阪湾をつなぐ、東西南北の要衝としての地位を占めたものでしょう。

大和政権の中心地に多い前方後円墳に対し、前方後方墳は東海地方がルーツと考えられていましたが、滋賀県内で約五〇基の前方後方墳が見つかり、あるいは滋賀が発祥の地、の見解も生じてきました。

関心がひかれる地です。

【壷笠山】　径五〇メートル

（大津市）六名の小、中学生が一九八六年に約一五〇点の土器片を拾い集め、県教育委員会に持参したことから径五〇メートル、最古級大型円墳の存在が発見されました。

都月型埴輪は箸墓から出土した埴輪と文様、形状、土の成分が酷似し、ほぼ同時期と確認されました。

最古級の古墳、大津に

はにわ、箸墓と酷似

3世紀　近江にも大和級勢力？

比叡山ろくの円墳

1987年2月19日　最古級と壷笠山を報じた新聞。

初期古墳で径五〇メートルの円墳は最大級で、また径五〇メートルの円墳築造の労力を前方後円（方）墳に換算すれば、どれ程の規模にあたるでしょうか？箸墓の築かれる以前から、すでに近江には大和に並ぶ大型古墳築造の技術、労働力をもった勢力があったようです。

なお近江には二世紀末~三世紀初頭の益須寺1号（守山市、径一八メートル）法勝寺23号（近江町、径二一メートル）があり、浅小井1号（径三六メートル）がもっとも大きいようです。

【黒田古墳】五二メートル

（京都・園部市）前方部がバチ型に開き、三世紀後半の庄内式土師器・壷、高杯を伴いました。第1主体部は、高野槙箱型木棺、〈位至三公銘双頭龍文鏡〉は破砕されていましたが他に管玉、勾玉、鉄鏃、漆製品を、第2主体部の箱形木棺は第1主体部土壙部に斜めに食い込んで、追葬の時期はかなり遅れた、と考えられます。

『前方後円墳集成』では「前方後円形の弥生墳丘墓」に分類しています。

【芝ヶ原12号】

（京都・城陽市）一九六〇年代の調査で一辺二五メートルの方墳とされていましたが、一九八六年に再調査し、二二×一八メートル方形部東側に台状の凸出部があるこ

日本最初期の古墳か
京都・城陽市の芝ヶ原12号墳
三〜四世紀の土器
銅の車輪石形腕輪も
鏡や大量のガラス玉・勾玉
"卑弥呼の鏡"出土地近く

1986年7月27日の新聞報道。

とが確認されました。

市広報によれば、庄内式土器片二五五、濃いブルーのガラス小玉約一三〇〇点、硬玉製勾玉八点、碧玉製管玉一八七点のほか錐など多数工具類の副葬品がありました。特に車輪石形銅製品は日本初の出土、といわれます。「日本最初期の古墳か」と一九八六年七月二七日の新聞紙上に文字が踊りました。全国的に珍しい「寄付金条例」を活用して埋め戻して保存が決まった、と同年九月八日の新聞が報じています。

「いいなァ」無条件に嬉しくなりました。

【弁天山A—1号】（岡本山）一二〇メートル
（大阪・高槻市）墳長一〇〇メートル超の初期大古墳が、北河内、摂津にも存在し、4群一二基の古墳群を構成していました。
A・1号の後円部、主体部周辺から採取された土器は箸墓の特殊壷片と類似しており、定型化した大型古墳としては淀川水系最古とみられます。前方部から鉄斧も発見されました。
B・1号　2期　一〇〇メートル　B・3号　?期　四一メートル
C・1号　3期　七三メートル　後円部、前方部頂に円筒・朝顔型の埴輪、後円部上段下縁部に埴輪列、楕円型埴輪がそれぞれ出土しました。

B・1号はA・1号と同時期か、あるいは若干遡る?とも推測されます。

C・1号の、割石小口積式石室の割石の大部分は石英素面岩で、和歌山・紀の川流域の緑色結晶片岩が含まれています。

興味深い謎を残してくれました。

【森1号】 一〇六メートル
（大阪府・交野市）一九八〇年、三名の小学生が底に穴があいた二重口縁土師器、同円筒埴輪片約五〇点を表面採取したことから、市教育委員会が調査、約五〇〇メートルに及ぶ斜面の緩い尾根を利用してほぼ一直線に、前方後円墳五基、円墳三基を確認し、森古墳群と命名しました。
1号墳（雷塚）は箸墓と同様、前方部がバチ型に開くタイプで最古級と判かりました。1号

1980年3月9日　北河内に大和級の初期古墳が発見されました。

からは土師器壺。３号も同じく土師器壺が採取されています。
調査には「邪馬台国大和説」を大きな声で叫ぶ「奈良大学、水野正好氏」が当られたようです。

【安満宮山】

（大阪府・高槻市）一二五メートルの山腹にあった一八×二一メートルの、期待もされなかった小型方墳が、世間を仰天させるビックリ箱でした。
規模の大小に関わらず、古墳には秘めた謎がある証で、大古墳でなくとも、期待、望みを持たせてくれる古墳の一つがここでした。
青龍三年（二三五年）銘鏡を含み魏鏡四面、後漢末期二神二獣鏡は太田南５号鏡と同一工人の作とみられています。三角縁四獣鏡は二面ありましたがうち一面

青龍三年鏡　三角縁神獣鏡

「卑弥呼の鏡」セットで出土

畿内説に有力証拠？

高槻市

邪馬台国の女王・卑弥呼との関連が注目される中国・魏の年号「青龍（龍）三年」（二三五年）の入った鏡など五枚の青銅鏡が、大阪府高槻市安満御所の町（あまごしょのまち）の古墳から見つかったと二日、高槻市立埋蔵文化財調査センターが発表した。年号の入った鏡としては、三年前に京都府の大田南五号墳で出土した最古の鏡と同型で、二例目の発見。このほか、卑弥呼が魏の皇帝から贈られた鏡かどうかで論争の続く三角縁神獣鏡二枚もあった。今回の発見で、邪馬台国を近畿地方とする畿内説が「より有力になった」との見方も出ており、論争に一石を投じそうだ。

（22面に関係記事）

「魏志倭人伝」では、魏の「景初三年」（二三九年）に卑弥呼が初めて使いを送り、魏の皇帝から「銅鏡百枚」を下賜されたと記されている。青龍三年はその四年前にあたる。これまで卑弥呼の鏡は景初三年などの年号が入った三角縁神獣鏡が有力とされる一方、日本製との説もあり、論争が続いてきた。今回、青龍三年鏡と三角縁神獣鏡が初めて同じ古墳から、しかも大和地方に近い大阪府北部で出てきており、研究者らの関心を集めている。

今回の発見で「安満宮山（あまみややま）古墳」と命名された古墳は、淀川を見下ろす山の南斜面、標高約一二五㍍の尾根にある。方墳か円墳とみられ、規模は推定で東西約十八㍍、南北約二十三㍍。築造年代は、出土した鏡の製作時期などから、古墳時代初めの三世紀半ば過ぎと推定される。

墓穴には周囲に排水溝が

遺らされ、被葬者は
向きに、舟形らしい
直伸してあった。古
一・五㌔南には、弥生
の集落跡の安満遺跡
定の史跡）があり、
注目されている。
二、三両日の午後
ら現地説明会がある。
はJR高槻駅からバス
行される。

◎出土した中国・魏の鏡＝「青龍三年」の年号がある＝いずれも大阪府高槻市南平台の市立埋蔵文化財調査センターで

1997年8月2日　安満宮山には世間が驚きました。

は兵庫・安田古墳と同型鏡でした。
淀川水系を支配し、広い地域の首長との間に交流があり、交易の力も併せ持った権力者だったでしょうが、なぜ小さな墳丘しか築かなかったのかな。理解し難いことで、あるいは古墳祭祀が定型化する以前、早い時期の築造であった、とも推定しましたが時期を遅らせる証拠品（三角縁鏡の存在）が、謎を生みます。

【養久山1号】 三二メートル
（兵庫県揖保川町）小型の前方後円墳ですが埋葬施設は六基もあり1号墳は竪穴式石槨、四獣鏡一、鉄剣二、鉄鏃、銅鏃を、2号は箱式石棺。3号の箱式石棺の主は三〇～四〇歳の男性でガラス小玉八、鉄剣一、斧頭一を、4、5号はともに箱式石棺、6号は箱式石棺で三〇歳代の男子、やりがんな一、を伴出しました。
権現山51号とほぼ同時期でしょうが、特殊器台は発見されていません。祭祀、始祖を異にするためか、あるいは抗争の関係にあったかもしれません。

【長慶山】三四メートル

（兵庫県・加古川市）内行花文鏡、鉄刀 鉄剣鉾各一、斧二、鉄鏃約二〇〇点がありました。

【聖陵山】七〇メートル？

（加古川市）前方後方墳？・竪穴式石槨？・同鏃一三、かつて鉄刀が出土した、と伝わります。

【綾部山39号】

（兵庫県御津町）二〇〇三年三月、町教育委員会がこの古墳を「三世紀半ばのホケノ山とほぼ同じ石囲い三重構造」と発表しました。全国で4例目、県下では初の発見で国内最古級の可能性がたかまり、播磨と大和の勢力の関係を考える点でまた一つの課題を提供しました。

盛り土の少ないこと、石槨の積み方などに弥生時代の要素も備えているそうです。

画文帯神獣鏡は中国で一六〇年頃造られ国内最古級、と考えらます。

播磨の初期古墳はいずれも小型ながら貴重な副葬品を伴い、権力と広い範囲の繋がりを持った首長の存在を示しています。

調べると近畿には「箸墓」と時期を同じく、また先行する古墳も少なくないようです。上記以外のその時期の播磨の中型以上を拾いだせば

大避山1号（千種川流域）　六〇メートル　景雲寺山（揖保川流域）五二メートル
壇特山1号（大津茂川流域）五二メートル　御旅山6号（市川流域）四六メートル
日岡山　（加古川流域）　八五メートル

この中で、日岡山は少し遅れるようですが他は全て早期に考えられる古墳で、一〇〇メートルを越える古墳は多くありませんが、大和でも箸墓に先行する古墳の多くは一〇〇メートルを越えていません。

中、大型古墳築造の力、技術、近隣との関係などのノウハウは大和以外の地方にもあった、とも考えられます。特に北河内、北摂の首長は、もっと解明されていい問題でしょう。

西部地域

【郷観音山】 四三メートル

（岡山県鏡野町）鏡野町は津山市の西北、吉備と山陰の要路筋に当るため、小型墳ながらここ

の主は広い繋がりと力を具え、三角縁四神四獣鏡、三角縁四獣鏡、平縁鏡を所持していました。しかし、三角縁鏡を内蔵する古墳は四世紀、またそれ以降の築造になるでしょう。

【美和山1号】八〇メートル

（岡山県・津山市）戦前に育った年配の方には「院庄」の名にご記憶があるしょう。その院庄から遠くない地点です。

円筒埴輪・都月式（退化形式）葺石（河原石）が知られていますが、1号（胴塚）を盟主墳とし蛇塚（五世紀）耳塚（ともに径四〇メートルの円墳）を伴う三基の古墳群を形成します。

美和山1号

【七つぐろ1号】四五メートル

（岡山市）埴輪：器台形、壷形、都月式、異形埴輪が知られる前方後方墳です。

第1主体部には割竹形木棺。竪穴式石槨。鉄製農工具。方格規矩鏡片、き鳳鏡片、鉄剣、鉄刀、鉄鏃などが、第2主体部は竪穴式石槨、変形獣帯鏡、鎌、有袋鉄斧、板状鉄斧、刀子などを出土しましたが、江戸時代の盗掘で鏡三面、刀剣一、管玉出土の可能性があったそうです。

発掘調査は岡山大学が当り、出土した土器は箸墓の都月型と酷似し、古墳発生期の豪族の実態と共に「吉備から大和への土器形式の伝わりを示す貴重な資料」と一九八二年三月一八日に新聞が報じました。

発掘した近藤義郎教授は「この時期に吉備から大和に土器、埴輪が伝わった」と言っておられます。

戦時中に対空陣地が構築されたそうです。当時、日本の高射砲では高々度の米軍機に届かなかったので、少しでも高い地点をと麓水田から六五メートルも高い地点に布陣したかもしれません。そのため大きく変形し、埋蔵品も破損したことでしょう。それにしても、ここに限らずどうして多くの古墳が、高射砲陣地に転用されたのでしょうか。

道標に従って進んでも道が途中で分かれたり、そのうち道そのものが消えてしまいます。上り下りと一時間ほど歩きましたが都月坂と同様、辿りつくことができませんでした。

【都月坂1号】三三メートル

（岡山市）小型の前方後方墳ですが、ここで初めて発見された円筒埴輪は、特殊器台から発達したもっとも古いタイプで、「完成された文様の都月型」と分類されます。近畿、大和の初期古墳からも発掘されます。都月坂が箸墓など大和の初期古墳に先行していた、ということになります。埴輪：器台形、都月式、壷形土器。竪穴式石槨は乱掘で大破されていましたが、なお剣、斧、碧玉管玉各一を残していました。

無論『前方後円墳集成』では築造時期を1期に分類しています。

都月坂型特殊器台の図は一七ページに記載しました。

【鶴尾神社4号】四〇メートル

（高松市）市街地の西南背後、九〇～一六〇メートルの高所の石清尾山古墳群は、六〇余基が密集し大型墳、前方後円墳、双方中円墳などがあります。

積石塚で、竪穴式石室、木棺、獣帯方格神獣鏡、碧玉管玉、墳裾部に壷型土器が巡り、後円部頂から壷多数が出土しました。

高塚古墳の多くは、土を盛りあげて墳丘を築く盛土墳ですが、積石塚は盛土の風化、浸食、崩落を護るために石を積んだと考えられます。

積石塚は対馬、山口、徳島・吉野川流域、長野、山梨にもみられ、年代は下がりますが長野県下は数百基が、福岡県・新宮町沖に浮かぶ「相ノ島」の小型群集墳は、海岸線に近い二一〇基程の全てが積石塚で、一基残さず破壊され、夏の太陽に照り返されるさまは驚きでした。

北朝鮮鴨緑江左岸流域には、紀元前後の前方後円形に似た積石塚が約一〇基存在するそうです。

【猫　塚】五六メートル

（高松市）同じく石清尾山古墳群の積石双方中円墳

猫塚　前方部より（1984年）

で、円筒埴輪、竪穴式石槨。五～九基の複数埋葬部も全て竪穴式石槨と考えらます。

中国・内行花文鏡、蝙蝠座紐内行花文鏡、獣帯鏡、四獣鏡、仿製・三神三獣々帯鏡、石腕飾り、石釧、鉄刀、鉄剣、鉄鏃、筒型銅器、土師壷など副葬品があります。

乱発掘のため石室内の出土状況は不明ですが、埋葬時の副葬品は豪華であったと、と推察されます。

【奥3号】 三七メートル

（香川県寒川町）竪穴式石槨の第1主体部は割竹形木棺。第2主体部、箱式石棺の被葬者は熟年女性で、棺内に鉄工具はありましたが武器類は副葬されていません。

椿井大塚山と同笵鏡を出土、同時期の築造、四世紀前～中期と考えられます。そしてまた、黒塚より一〇年遅れる、と見る研究者もいます。奥14号からは画文帯環状乳神獣鏡が二面出ています。

【野田院】 四八メートル

（香川県善通寺市）麓比高三六〇メートルは、多分もっとも高所に位置する定型の古墳でしょう。円丘の積石部を先に造り、次いで方形部をつくる作業手段は養久山（六一ページ）や箸墓に共通すると考えられます。
一九九九年の調査で出土した土器は三世紀第3・四半期とみられます。
表面遺物は土師器細片で、竪穴式石槨の構造でした。

【朝日谷2号】三〇メートル
最古期、三紀後半～四世紀初頭の前方後円墳は四国で二例目。古い土師器（布留式壷二個）刳抜式木棺に朱。後漢・二禽二獣鏡、二神二獣鏡二面、鉄刀五、鉄剣一、ガラス小玉、鉄銅鏃約六〇などを副葬していました。

なお広島県三次市・矢谷は三世紀前半の「四隅突出方形周溝墓に分類される」弥生墓ですが、一九七八年に「矢谷古墳」として国史跡の指定を受けています。しかしやはり低丘墓であるため、また、唐子台10丘、15丘（今治市）も前方後円型墳墓とされているので同じく省きました。

大塚初重氏は著書（古代史ハンドブック　新人物往来社一九九八）の中で「最古の前方後円墳

には、吉備地方で発達した特殊器台型埴輪や特殊壷が見られ、後に円筒埴輪に変化します。こうした事例からも大和王権が大和盆地の内在的発展からのみ出現したものでなく、瀬戸内海沿岸地域の政治勢力との深い結び付きを象徴しています。大和王権の成立はこの政治連合を基礎にした姿です。」と述べておられます。

「最古とする大和の前方後円墳」には吉備地方で発達した特殊器台型埴輪や特殊壷が見られ、後で円筒埴輪に変化します。

即ち古墳祭祀の特殊器台は、大和で大型古墳が造られる以前から吉備で「古墳は既に造られ、特殊器台もすでに供献されていた」ことの証しです。

大和政権は大和盆地の内在的発展からのみ誕生したものでなく、瀬戸内海沿岸地域との強い結び付きを象徴しています。

大和政権の政治連合、吉備勢力の東進も視野にいれた究明が今後の課題であると考えます。

九州地区

【御道具山】六五メートル

（福岡県・前原市）前原は卑弥呼時代の伊都国にあたり「千余戸、女王国に統属するが世々王があり、帯方郡の郡使が常に駐まる」要地でした。

弥生時代後期の重要遺跡もありますので、初期、発生期古墳が存在しても何ら不思議ではありませんが、井原1号（前原市、四二メートル大型箱式石棺）権現塚（志摩町、三六メートル）はともに詳細が把握できていません。

一九八六、八七年に教育委員会が周辺調査を行い、周濠、葺石を確認しました。

【名　島】三〇メートル

（福岡市）一九六八年の調査で、三角縁神獣鏡、土師器、鉄刀剣片六、が判明しています。

【島津丸山】五七メートル

（福岡県・遠賀町）前期の早い時代に分類できるそうですが、詳細は分かりません。

奈良「纏向」と並び最古か

3世紀末の前方後円墳

庄内式土器が出土

福岡・津古生掛遺跡

1986年8月17日　在阪報道は控えめでした。

【津古生掛】三三メートル（福岡県・小郡市）円形部径二八メートルに対し、前方部は五メートルと短い形です。

一九八六年、小郡市埋蔵文化財センターの発掘調査で、周囲から約一〇〇〇点の土器片が出土、その中から三世紀末に造られた叩き技法の庄内式土器が九州で初めて見つかりました。

「九州でもっとも古い前方後円墳で纏向石塚と同時期と見られる」（同センター宮田浩之技師）。前方後円墳や庄内式土器が、畿内を中心に作られたこれまでの説を考え直す必要がある（一九八六・八・一七、朝日新聞）

方格規矩鳥文鏡、ガラス小玉五八、鉄剣、鉄斧、工具、組合せ木棺、鉄鏃を出土しています。墳裾に古墳より新しいと見られる「円形周溝墓」が存在していました。これには関心をひかました。我田引水の考えは改めて記したい、と考えます。（八八ページ）

【神　蔵】四〇メートル

（福岡県・甘木市）竪穴石槨、箱形木棺？・三角縁天王日月獣帯四神四獣銅鏡、鉄剣二、鉄農工具などを出土しています。

神蔵を三世紀後期後半とする説がありますが、三角縁鏡を伴出する古墳は四世紀以降と考えています。

安本美典氏はここ甘木を「邪馬台国」と主張されます。大層惹かれる仮説です。中心地と思われる平塚川添遺跡は「発掘調査概報一九九三、同概報-Ⅱ」でも、まだ決定的なことは断定できません。しかしこの仮説はさらに発展していただきたい魅力ある説です。

その他、権現山（福岡・志摩町。三六メートル）井原1号（前原市）、津古2号（小郡市）、原口（筑紫野市、七三メートル、椿井大塚山と同笵鏡を含む三角縁鏡三面）赤坂（鳥栖市、二四メートル、庄内新段階～布留式古段階三世紀中葉～末）なども古い段階に築かれた古墳と見られます。

「車軸の如く」「篠洗う」「豪雨沛然」と雨を形容する言葉がいくつかありますが、奴国の丘歴史資料館から御道具山、久里双水、津古生掛を目指してレンタカーを走らせたころ雨脚は激しく、不案内の地で古墳を捜し観察などは到底出来そうもない、引き返して車を返却、新幹線に飛び乗りましたがその直後、山口県下で一時運転見合わせになりました。その時は、いつでも行けると思った北九州ですが、やはり遠い地でその後の機会はありません。

東国地域

地理院二五〇〇〇〇分の一の地図を貼り合わせた図上で古墳、遺跡を捜しだし、区分も古墳背景の歴史もわからぬまま、長い間ただ古墳を見て回っていました。そのうち古墳が語りかけて教えてくれる、と考えて古墳を見て回わりましたが、東国の前期古墳を訪れた数が意外に少ないことに気付きました。

東国の古墳は中期以降になって魅力ある古墳、大型古墳が出現しますが、発生期古墳に対する意識が浅薄であったため、この章にある弘法山（松本市）は森将軍塚と大室古墳群の合掌式石室積石塚を目的に、また駒形大塚（栃木県小川町）は上侍塚、下侍塚を第一目標にして那須古墳群を巡ったおりに訪れた程度でした。

前期、発生期の古墳を一つの表にし、引用した資料の出所も付記しました。このような記述がよいのかどうか、試みます。

註—A「前方後円墳集成」による年代区分　註—B　白石太一郎「図—1」の年代区分　註—C福永伸哉「図—2」による年代区分　註—D　季刊考古学別冊8号による年代区分　○＝前方後円墳　□＝前方後方墳

註・A	註・B	註・C	註・D	古墳名	所在地	墳形	墳長
1期				松尾谷	福井、三方町	□	四〇メートル
1期				奥津社	愛知、佐織町	□	三五メートル
1期				白山1号	大口町	□	四九メートル
1期				谷内16号	富山、小矢部市	○	四八メートル
1期				五歩一	小杉町	□	四三メートル（註—1
1期				王塚	婦中町	□	五八メートル（註—1
1期				宿東山1号	石川、押水町	○	二二メートル
1期				小菅波4号	加賀市	□	一七メートル
1期				一塚SX07	松任市	□	一六メートル（註—1
1期				滝の峯2号	長野、佐久市	□	一八メートル
1期				勘介山	飯山市	□	三五メートル（註—1
1期				弘法山	松本市	□	六三メートル
1期				稲場塚	彌彦村	○	二六メートル（註—1
1～2期				愛甲大塚	伊勢原市	○	七〇メートル～（註—1

註-A	註-B	註-C	註-D	古墳名	所在地	墳形	墳長	
2期			3c三・4期	駒形大塚	栃木、小川町	□	六四メートル	
1期				鷺山	埼玉、児玉町	□	六〇メートル	（註—1
1期				戸張1番割	千葉、柏市	□	一四メートル	（註—1
1期				北ノ作Ⅱ号	沼南町	□	三二メートル	（註—1
1期				飯合作2号	佐倉市	□	三〇メートル	（註—1
			3c三・4期	神門5号	市原市	○		
			3c三・4期	神門4号	市原市	○	四九メートル	
1期			3c三・4期	神門3号	市原市	○	四八メートル	
1期				滝の口向台8号	袖が浦市	□	四八メートル	（註—1
1期				男壇2号	福島、会津坂下町			（註—1
1期				男壇3号	福島、会津坂下町			（註—1
1期				宮東1号	福島、会津坂下町			
1期				宮東2号	福島、会津坂下町			（註—1

註—1

古墳名	葺石	竪穴式石槨	都月形	宮山形	土師器	鉄剣刀	鉄銅鏃	その他　鏡など
五歩一								前方部がバチ形に開く古式凸形墳、未調査
王塚								外表遺物なし、墳丘から1期と判断、前方部除き周濠
一塚SX07								松任市には15~20メートルの前方後方墳が数基存在します
勘介山								平地比高120メートル
稲葉山					○			竪穴式石槨?
愛甲大塚					○		○	五領式古段階
鷺山								底部穿孔壷形土器、底部穿孔椀形土器、前方部バチ形
戸張一番割					○			壷、高杯、器台など
北ノ作Ⅱ号					○			五領式壷、器台、第1第2主体部から碧玉菅玉
飯合作2号					○			土師壷、土壙、木棺、ガラス小玉3
滝ノ口向台8号					○			
男壇2、3号					○			ともに土師器は最古期、調査者は方形周濠墓と理解している
宮東1、2号					○			そうです

【松尾谷】四〇メートル

（福井県三方町）若狭地方最初の首長塚とみられる前方後円墳。周堀から布留Ⅰ式併行期器台形土器（四世紀初頭）が出土しています。

三方五湖の景勝で知られる三方は、古くから琵琶湖西北部と交易のルートができていたようで、縄文遺跡・鳥浜も三方町にあります。

第1主体部（後方部）＝やりがんな、斧一。第2主体部（後方部）＝碧玉管玉三、やりがんな一。第3主体部からは鉄剣、鉄槍、鉄鏃各一が検出されています。

【奥津社】三五メートル

（愛知県佐織町）後方部に神社社殿が鎮座。封土から廻間Ⅲ式初頭（三世紀末頃）の土器が出土しています。

ここから出土したと推定される三角縁波文帯盤龍鏡、三角縁四神四獣鏡は椿井大塚山と同笵関係で、他に三角縁日月獣文帯四神四獣鏡も伴出しています。当然、椿井大塚山より遅れると考えられます。

【白山1号】四九メートル

（愛知県大口町）二基の前方後方墳と三基以上の方墳で古墳群をつくります。2号墳は発掘調査によって周溝内から廻間1式1段階（三世紀初頭―中葉）の土器が出土しています。

【谷内16号】四八メートル

（富山県小矢部町）平野部比高一〇〇メートルの高地にあって、前方部がバチ型に開いています。埋葬主体部は赤色顔料を施した割竹形木棺で、畿内では布留式最古形式（三世紀末頃）になる二重口縁壷形土器のほか鉄剣、鉄製農工具を出土しています。

三世紀末にこの地まで鉄製農工具が普及していたとは、思いがけぬことでした。

【宿東山】二二メートル

（石川県押水町）能登地方最古段階の前方後円墳で箱形木棺直葬。方格規矩四神鏡、鉄器断片、二重口縁壷六、直口壷一、高杯七などを出土していますが、調査後消滅しました。

【小菅波4号】一七メートル

（石川県加賀市）小型の前方後方墳で、後方部に周濠を伴います。

1号主体部＝箱形木棺、ガラス小玉五、鉄鏃、土師器壷五など。

2号主体部＝箱形木棺、やりがんな一、硬玉勾玉、碧玉管玉一を内蔵していました。

【滝の峯2号】一八メートル

（長野県佐久市）千曲川流域最初の古墳と見られます。未調査ですが千曲川流域には数基存在するようです。

木棺に壮年期女性の歯一個体分。ガラス小玉のほか周濠から壷二、小型壷五、甕二、鉢一、高杯四、器台四などを出土しています。

【弘法山】（松本市）六三メートル

（長野県松本市）松本平を一望に収める「ほら貝山」の先端に築かれた前方後方墳で、この地方の首長墓として最適の地点、いまもここに立つと「なるほど」と納得できる位置を占めています。

河原石に角礫を混ぜた竪穴式石槨（石室）の上部に多量の土師器（底部穿孔形壷、高杯、小形壷、手焙形土器）。石室（石槨）から四獣鏡、銅鏃、鉄鏃、剣、斧、やりがんな、ガラス玉などが検出されています。

土師器はいずれも古式で、東海地方西部、ことに伊勢湾沿岸地域との濃厚な関係が考えられるそうです。

赤塚次郎氏は出土した土器を〈廻間Ⅱ式〉三世紀中葉―末頃に分類されます。築造時期を三世紀第3・四半期に、また「二五〇年より若干古く、神門4号と同時期」と考える研究者もいます。三世紀の築造とすればこの時期、東海近畿から隔たった地域に突如、首長塚が築かれたことになります。

すぐ東の仁能田山古墳の六獣文鏡と弘法山四獣鏡の製造手法が酷似している、ということです。

弘法山遠望

【駒形大塚】六四メートル
（栃木県小川町）那須地方は前期大型古墳が意外に多くあります。水戸の殿様黄門が上、下侍塚を我が国初の学術調査をしたことはよく知られますが、なぜ常陸の殿様が他国・下野の古墳を発掘したのか、副将軍の権力を振り回し「この紋どころが目に入らぬか」と葵の印篭をかざしたのかな、長い間の疑問が現地に行ってとけました。

現在前方部は削平されて旧の形を留めていませんが、かつて後方部頂から多量の五領式土師器が出土し、直葬木棺の上から杯形土師器のほか、四獣鏡、銅鏃六、鉄刀、剣斧、やりがんな、などの副葬品がありました。三世紀の築造説もありますが、多くは四世紀代とされているようです。

駒形大塚　前方部より

【神門3、4、5号】

（千葉県市原市）　神門4、5号の供献土器は庄内式土器併行期に遡り、神門5号を定型的前方後円墳が出現する直前、と考える研究者もいます。

3号＝土師器（手焙形一、壷六、高杯三、椀一）ガラス小玉一〇三、管玉一一、鉄剣、鉄槍、鉄鏃、工具など。木棺直葬。

4号＝土師器（壷、高杯、器台、手焙形）ガラス玉四二〇、硬玉勾玉三、鉄剣 鉄槍、工具など。5号＝廻間2～1期の装飾壷、高杯。鉄剣1、鉄鏃2、ガラス玉6、地方の権力者にふさわしい副葬品がありましたが、三基全てに〈濃尾系土器〉が、そしてまた3号には北陸系、近畿系。4号＝畿内系。5号＝北陸系がそれぞれ含まれていました。

神門三古墳の年代推定は研究者によって五〇年程の差があるようですが、三世紀中葉と考えてよいのでは、と思います。三世紀にこれほど広域に繋がりをもつ首長がいたことになります。あるいは西からの征服者、伝説の通り三浦半島から浦賀水道を渡ってきた遠征者の跡かも知れません。しかし西からの征服者伝説が三世紀だったかどうかは？です。

千葉県は全国有数の古墳密集地域で、竜角寺古墳群、芝山古墳群、そして東京湾岸沿い、内陸の飯篭塚、浅間神社など県内の古墳現存数は九六〇〇基もあると推定されます。

まとめ

発生期と考えられる古墳を各地毎にピックアップしたところ、予想以上に数の多いことを、改めて認識しました。

無論、全てが正確とは思いませんが、冒頭の「図—1、図—2」と対比すると、多くの点で相違が見られます。

例えば西殿塚、黒塚、椿井大塚山、竹島、赤塚などは箸墓よりかなり遅れて出現したことは確かで、この頃になると大和以外の地に沢山の古墳が出現し、特に吉備に比べると「出現期、初期」と分類することに疑問を感じます。

繰り返すことになりますが三世紀前半、大和の纏向石塚、勝山、矢塚、ホケノ山、中山大塚、馬口山など一〇〇メートルクラスの古墳が築かれた頃、近畿、中国、九州でも大森、黒田、弁天山、森1号、丁瓢塚、美和山、御道具山、久里双水なども築かれていたようです。

一〇〇メートル超の大型高塚が大和に出現するのは早くて三世紀後半以降になり、四世紀の頃になって大和に集中的に古墳築造の力が出来た、ということになります。

ここでもう一つの疑問を述べたいと思います。

卑弥呼の時代に大型古墳を造れたか？

卑弥呼が邪馬台国の女王に共立されたのは一九〇年頃で、邪馬台国は卑弥呼が共立されてから出来た国ではありません。邪馬台国はそれ以前から存在していた国です。

その頃はまだ大和にも九州にも、高塚墓は無論出現していません。北九州は箱形石棺の時代で、一〇カ所以上になる青銅器鋳造所、鉄器の数、環濠集落、絹織物など大和より優れた文化がありました。

卑弥呼の在世は数十年の長期に及びますが、狗奴国の王・卑弥弓呼とは不仲でかねてから争いがあり、二四七年には戦いは不利に陥り、窮状、交戦のありさまを訴えています。その前々年の二四五年には「黄幢を賜い 郡に仮受せしむ」とあることから既にこの頃には、狗奴国との間に戦闘があって不利な状況を報告していたことでしょう。

このような状況のもとで、もし仮に「邪馬台国が大和にあった」とすれば、国の存亡を賭けた不利な戦闘を返しながら、労力、人力を各地から徴発し、古墳を造り続けられるでしょうか。

さらに二四八～九年頃には卑弥呼が他界したようです。倭人伝の伝えるところでは「男王をたてるも国中服さずさらに相誅殺す。時に当りて千余名を殺す」とあります。（九〇ページ）

当時で千名の犠牲者を出したというのは、広い範囲でしかもかなり長期にわたる争いであった、と考えて支障ありません。

それは卑弥呼が共立される前の倭国大乱が「桓霊の間」即ち数十年に及んだ記録からも察することができます。（九一～九二ページ年表）

箸墓を卑弥呼の墓、とお考えの方が意外に多くおられますが、国内外の戦乱のなかで、墳長二八〇メートル　体積三〇〇，〇三六立方メートル（石川昇氏）そして葺石を大和盆地を横断して大坂山から運ぶなど、当時の力では一〇年以上は要したであろう大工事が、あの状況の中で出来たでしょうか。到底考えられません。

二六六年に壱与が中国に使いを出しますが、その頃には内乱も終わり、国力といってよいのか、その数年前から邪馬台国、女王壱与を中心に諸国の意思がまとまりをみせてきたことでしょう。箸墓などの古墳を造る力も着いてきた、と考えられます。

そして「卑弥呼の大いなる墓を造る、径百余歩、殉葬百余」などの記述は、二六六年に邪馬台国から帰国した張政等の報告に基づくものでしょうが、中国の使いは邪馬台国には足を踏み入れてないはずです。

繰り返しますが二四六年以降、卑弥呼の死去以降も内戦の治まるまで、大きな墓を築造する力は邪馬台国にはなかった、倭人伝を読む限りでは、そう考えて支障ないでしょう。

卑弥呼の墓は径百余歩とあるからには円墳でしょうが、高さの表現がありません。単に平面的な面積を示したものです。しかし当時の中国では既に高塚墓がありました。

中国の高塚について中国の文献にどのように記録、表現されているか、残念ですが私には調べる術も能力もありませんが、西安付近で数基の高塚を見ています。もし高塚であれば当然「径百余歩高さ…」と規模が記されたことでしょう。

それがないというのは、卑弥呼の墓はあるいは箸墓のような高塚ではなかった、とも考えます。

箸墓に先行する周辺の纏向石塚、勝山、矢塚、東田などは後世に大きく変形しているのでしょうが

	墳長	後円部径	後円部高	前方部長	前方部高
石塚	九三m	六二m	現況三mほど	三〇m	?
勝山	一〇〇m	六〇m	七m	三〇m	一・五m
矢塚	九六m		七m	三二m	二m
東田	九六m	六四m	七m		一m
箸墓	二八〇m	一五七m	二二m	一二〇m	二二m

箸墓は墳長もさることですが、高さは後円部前方部とも、先行した古墳と比較になりません。張政などが帰国するに際して大和の地から、卑弥呼の墓の規模や築造の状況を伝えたとすれば「径百余歩」にとどまらずその高さも伝えたことでしょう。当然のことです。しかしその高さが伝わっていません。

最後に「説得性がない」とうける叱声を覚悟して日頃考えていることを述べますと津古生掛（七二ページ）は墳長三三メートル、後円部径二九メートルですが墳裾には、少し年代が遅れて巡るように方形周溝墓六、円形周濠墓一がありました。なお百余歩には少し足りませんが注目してもよい、と思います。

同様に、築造の年代は遅れますが祇園山（福岡県・久留米市）は二三〜二四メートルの方噴で、墳裾外周から甕棺三、石蓋土壙三二、箱形石棺七、竪穴式石室一三、構造不明七、合計六二基の埋葬施設が見つかっています。

この径は百余歩に近くなるのではなかろうか、と考えます。

倭人伝の記述にある程度近付きますが、祇園山をそれということは出来ません。

今後調査が進めば、主墳の墳裾周囲に多数の埋葬施設を従えた『倭人伝の伝える卑弥呼の塚』

に近い遺構が発見されるかも……期待したいものです。

なお弥生時代から古墳初期に及ぶ各地の墳丘墓、初期古墳について、石野博信氏が「邪馬台国の古墳、学生社、二〇〇一年」に詳細に述べておられます。一読の価値がある著書です。その中で古墳の墳形について

前方後方墳＝一突起（長、短）方墳

前方後円墳＝一突起（長、短）円墳

中方双方墳＝二突起方墳

中円双方墳＝二突起円墳

と新しい記述、用語を用いられておられますが、このような呼称が学会で認められ、広く使用されるかは私が判断することではありません。

後円部径に比して前方部が短くバチ型に開いた前方後円墳を「纒向型古墳」と寺沢薫氏（だったと記憶します）が分類した用語も、広く理解されるまで数年かかりました。

この新しい用語を頭の中で理解しても、なんだか素直に馴染めませんでした。

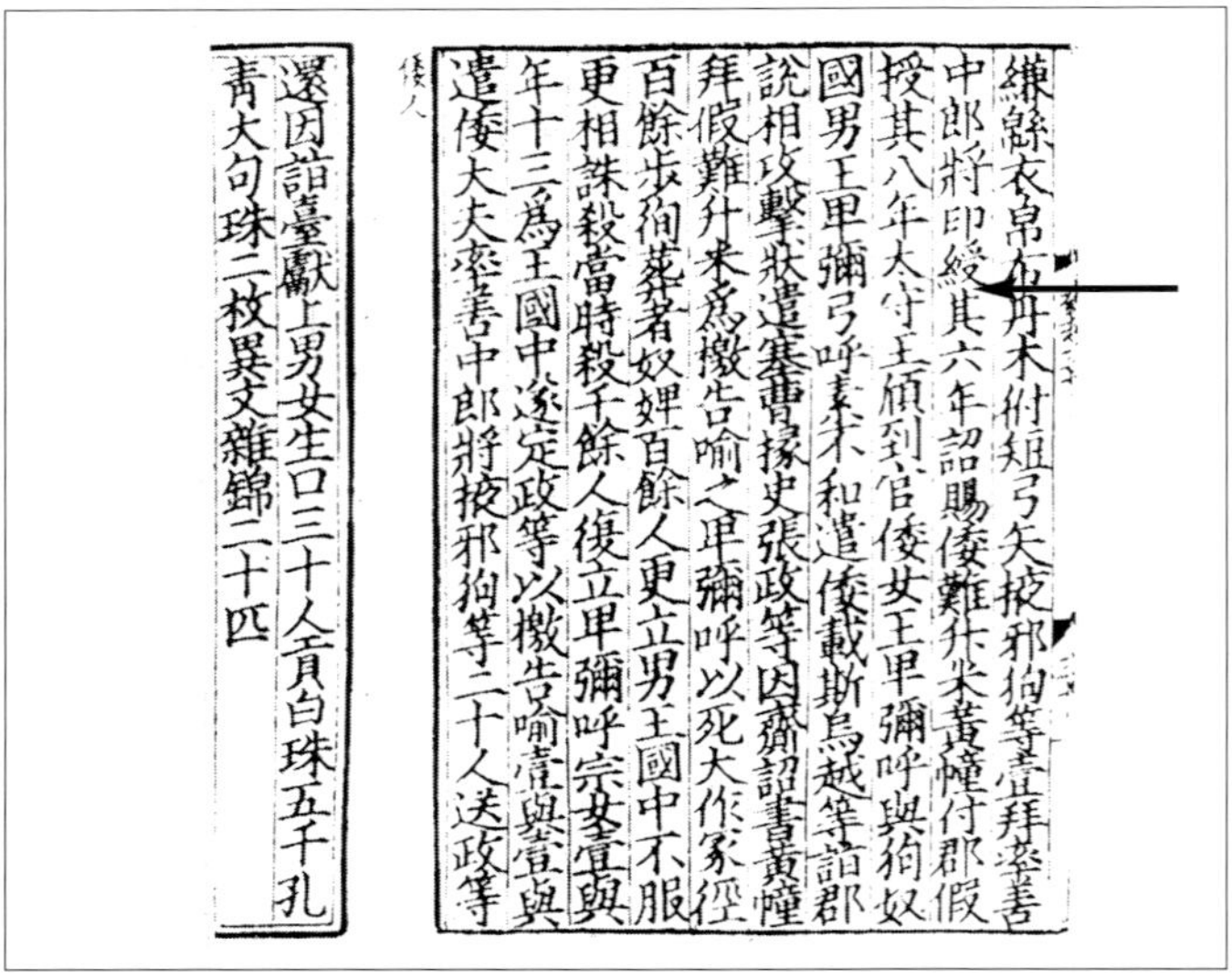
縑緜衣帛布丹木拊短弓矢掖邪狗等壹拜率善
中郎將印綬其六年詔賜倭難升米黃幢付郡假
授其八年太守王頎到官倭女王卑彌呼與狗奴
國男王卑彌弓呼素不和遣倭載斯烏越等詣郡
說相攻擊狀遣塞曹掾史張政等因齎詔書黃幢
拜假難升米爲檄告喻之卑彌呼以死大作冢徑
百餘步徇葬者奴婢百餘人更立男王國中不服
更相誅殺當時殺千餘人復立卑彌呼宗女壹與
年十三爲王國中遂定政等以檄告喻壹與壹與
遣倭大夫率善中郎將掖邪狗等二十人送政等
倭人
還因詣臺獻上男女生口三十人貢白珠五千孔
青大句珠二枚異文雜錦二十匹

倭人伝

☆倭人伝Ⅱ（二行目六文字から）

その六年（二四五年）詔して倭の難升米に黄幢を賜い、郡に付して仮受せしむ。その八年（二四七年）太守王斤、官に到る。

倭の女王卑弥呼、狗奴国の男王卑弥弓呼と素より和せず。倭の載斯烏越等を遣わして郡に詣り、相攻撃する状を説く。

塞曹の史張政等を遣わし、因りて詔書、黄幢を齎らし、難升米に拝仮し、檄を為りて之を告諭す。

卑弥呼以って死す。大いに冢を作る。径百余歩。葬に徇じる者、奴婢百余人。

さらに男王を立てしも国中服さず。さらに相誅殺す。時に当りて千余名を殺す。

また卑弥呼の宗女の壱与、年十三なるを立てて王となし、国中ついに定まる。

政等、檄を以て壱与を告諭す。壱与、倭の大夫率善中郎将の掖邪狗等二十名を遣わし、政等の還るを送らしむ。

因りて臺に詣り、男女生口三十人を献上し、白珠五千孔、青大句王朱二枚、異文雑錦二十匹を貢す。

西晋の陳壽が表した「三国志魏志東夷伝」の最終の章、一九八八文字の「倭人条」いわゆる「魏志倭人伝」はここで終ります。

■関連年表

57年	後漢光武帝	倭国王朝貢「漢倭奴国王」金印をうける		立岩、曽根池上、唐古鍵遺跡
100年頃		倭国乱れて百余国		井原遺跡、三雲南小路など北九州で王墓造りが続く
107年		倭国王師升ら後漢に麻貢　生口160献ず		
147年	後漢　桓帝	147~188年霊帝の時代にわたり倭国大乱（後漢書）		登呂遺跡
167年	後漢　桓帝没			
168年	後漢霊帝			荒神谷、加茂岩倉遺跡
		180年ころまで桓霊の間、倭国乱れる（梁書、北史）		
188年	後漢霊帝没			中平銘大刀（東大寺山古墳）
190年	後漢献帝	188~190年頃　卑弥呼女王に共立	庄内0式、纒向1式、立板型器台	平原遺跡
				田能、栖築遺跡
		203年赤壁の戦い　220年 後漢滅亡		纒向、妻木晩田遺跡
		232年陳寿誕生　234年 孔明没		纒向石塚、矢塚、芝ヶ原12号
		238年遼東公孫氏滅亡	庄内1式纒向2式	太田南5号、安満宮山「青竜三年銘」鏡
239年	景初3年	1月明帝死す　5月卑弥呼の使、楽浪郡に至る		和泉黄金塚、榊原神社「景初三年銘」

		12月倭使が皇帝に拝謁親魏倭王金印、銅鏡百面のほか		鏡
		多数の賜品をうける		鳥居原「赤烏元年銘」鏡
240年	正始元年	帯方郡太守、倭王に詔をもたらし、鏡など賜い、卑弥呼		森尾、竹島、柴崎古墳「正始元年銘」
		「親魏倭王」金印ともに多数の賜品を受け取る。		鏡。広峰「景初四年銘」鏡
243年	正始4年	このころ、邪馬台国と狗奴国の対立が激しくなる		安倉古墳「赤烏七年銘」鏡
		卑弥呼遣使朝貢、狗奴国との攻伐を訴え、援助を求める		
245年	正始6年	難升米に詔、黄幢を下賜、檄を作って告諭		
247年	正始8年	郡使、黄幢をもたらし女王、狗奴国に告諭		
248年		248～249年ころ卑弥呼死す	宮山型特殊器台	
		大いなる塚をつくる。殉死するもの百余名	庄内2式、纏向3	
		男王をたてるも国内治まらず、当時千余名を殺し紛争続く	前式	
265年		魏滅び、西晋建国	都月坂型特殊器台	260年ころ、箸墓
266年		女王壱与、西晋に遣使（晋書武帝記）	纏向3後式	
285年		西晋が呉を滅ぼし天下統一		
290年		このころ「三国志、魏志倭人伝」完成	布留0式	黒塚
		この頃以降、三角縁神獣鏡の埋納はじまる		

（土器は概ねの年代で研究者によって数十年の差があります。遺跡、古墳年代も同様です。）

第三章 三角縁神獣鏡の疑問

疑問の焦点

各地の古墳から出土する三角縁神獣鏡こそが卑弥呼が魏からもらった鏡で、大和から各地に政権の誼み、同盟関係の証として分与された、という説が邪馬台国ヤマト説の大きな根拠になっています。

三角縁神獣鏡の集収、分与の中心が大和地方であったことは、椿井大塚山また黒塚から出土した三角縁神獣鏡の同型、同笵鏡関係から容易に察することができます。

黒塚と同型、兄弟鏡の出土地は、九州宮崎（推定）、福岡から群馬県にまで及びます。京都、滋賀、奈良、岐阜、群馬の内陸部の数は少なくありませんが、瀬戸内、太平洋沿岸に多く、何故か日本海沿岸からは出ていません。

椿井大塚山鏡の関係も、日本海沿岸の出土は一面で同じような傾向があるようです。

☆同笵鏡＝一つの鋳型で鋳造された同一型式複数の鏡、また一つの原型から複数の鋳型を造り鋳造された鏡で、舶載、国産とも多く見られ、兄弟鏡の呼び名が理解しやすいです。

三角縁神獣鏡は倭、邪馬台国の卑弥呼が魏から貰ったものだから、分布の中心地である邪馬台国は大和にあった、と短絡的に結論を出すのは極く簡単ですが、三角縁神獣鏡から卑弥呼、邪馬台国の映像を導き出すことができるのでしょうか。あまりにも疑問が多くあります。

三角縁神獣鏡の（収集、分与の）中心地が大和」であったことは確かでしょうが、（生産の中心地）でもあったはずです。これには異議、異論が沢山あると思います。当然のことです。

三角縁鏡を考える要点

（1）一九九五年の「近つ飛鳥博物館資料」では三角縁神獣鏡は四六五面、うち三四五面が舶載鏡になっています。一九七六年、小林行雄先生が「三角縁神獣鏡同笵関係」を明らかにされたのは一六四面だったそうです。

その後、黒塚の発見もあって現在その数は五〇〇面にも達し、舶載鏡に分類されるものでも三八〇面以上も現存します。

しかし卑弥呼がもらった鏡の数は、一〇〇面にしか過ぎません。そしてその中には三角縁鏡ばかりでなく画文帯神獣鏡が含まれていた可能性は十分にあります。

（2）中国の国内でこの鏡の類は発見されていません。倭国のために特鋳したとする「特鋳説」がありますが、その説は成り立つでしょうか。

（3）三角縁鏡が発見されるのは早く考えても三世紀末の、多くが四世紀以降、中には五世紀後半の古墳からの出土もあります。この長期的な空間をどのように理解すればいいのでしょう。四世紀になって何故急に増えたのでしょう。

（4）出来上がりのいい鏡を〈中国産〉品質の劣るものを〈国内産〉と出来具合の如何で区別しているようですが、弥生時代から三世紀末に超大型内行花文鏡を造り出した技術、また現代技術でも困難な銅鐸を製作した〈国内の鋳造技術〉を、どう考え評価するのでしょう。

（5）弥生時代、鉄器の数で比較にならぬほど九州に劣っていた近畿地方が、青銅の量では九州の二倍以上も保有したのは何故でしょう。

（6）三角縁鏡の銘文、文様が中国的でない、とする説がありますが、どのように理解すればいいでしょう。

これらの点から三角縁鏡を考えれば、再検討、考え直す点が浮かぶのではないだろうか、トライしてみました。

6つの焦点

（1）三角縁鏡は一体どれほどの数を貰ったのでしょうか

邪馬台国の卑弥呼は二三九年、二四三年、二四七年に、さらに壱与は二六六年に遣いをしています。二三九年には多くの下賜品の中に鏡一〇〇面があり、二四〇年には卑弥呼の手元に届いています。これは倭人伝に記録されていますので確かでしょう。

しかし二四三年、二四七年は狗奴国との苦戦の状況を伝えたもので「その際にも鏡を貰ったのではないか、いや、多分貰っただろう」「貰ったはずだ」という希望的観測が先行して、一〇〇面以上の鏡の出土は当然と、肯定する強説があります。

☆壱与＝倭人伝に、卑弥呼の死後、男王をたてるも国中治まらず当時千余名を殺す。一三歳の宗女壱与をたてて治まる。とあります。二五五～二六〇年ころと考えます。（九〇ページ）
卑弥呼の血縁で神がかりする巫女であった可能性もあります。壹與（壱与）は臺與（台与）とする説もあります。

少し古い著作の引用になりますが竹谷俊夫氏（天理参考館、卑弥呼の時代、学生社、一九九二年）は「卑弥呼は正始元年（二四〇年）に下賜品を受け取ったと記されています。その中には鏡が一〇〇面含まれていることが分かります。魏には少なくとも三回遣いを出していますので、その度に鏡をもらっている可能性があります。このように考えると三角縁神獣鏡は一〇〇面以上出土してもよいわけです」と述べられますが、この説は船載鏡説をとる方々に共通する考えでしょう。「そのたびに鏡を貰っている可能性がある」ということは「そうであって欲しい」という思いの裏返しで、何ひとつ根拠がありません。二回目は貰っても三回目は貰っていないかも知れません。仮に貰ったとしても、一〇〇面とかの数字の根拠は全くありません。

さらに氏は続けて「邪馬台国の中心は大和にあるはずです。大和には陵墓に治定されている古い時期の大型墳がいくつかありますので、これらの古墳の調査が進みますとさらに三角縁神獣鏡の数が増える可能性があります」と続けます。

「陵墓に治定されている大型古墳」の調査期待は余り出来ませんが、一九九八年には彼の期待通り黒塚から三三面の三角縁神獣鏡が出てきました。

貰った確実な数は一〇〇面で、仮にあと二回貰ったとしてもその数が四〇〇面～五〇〇面か、それ以上でないと実在数、発見数との辻褄が合いません。

後で記しますが魏から貰った鏡の全てが現存するわけではありません。長い期間の盗掘によって姿を消した鏡は決して少なくありませんが、現存する舶載の三角縁鏡は今なお四〇〇面近い数です。また、画文帯神獣鏡も「卑弥呼の鏡」とする説もあります。三角縁神獣鏡ばかりでなく、貰った鏡に画文帯鏡も含まれていたとすれば、ますます辻褄が合いません。

「記録にないから貰っていないと短絡的に判断したらアカン、貰っているかもしれない」と言われたこともあります。あるいは貰ったかも知れませんが、記録にないということは、「貰っていない」とする可能性の方が強い、ということにも繋がります。

現存古墳の状態を見れば分かりますが、その多くは盗掘を受け、内蔵の副葬品は散逸しているケースが極めて多いのが実情です。

例をあげますと福岡・石塚山（三六ページ）は一七九六年に石室内から鏡一四、剣、鉾などが取り出されていますが、現存は三角縁四神四獣鏡三、三角縁獣帯文三神三獣鏡三、三角縁六神四獣鏡一、（他に素環頭大刀、銅鏃）の計七面で、残り七面の鏡の行方は判っていません。その他、現存副装品の倍以上はあっただろう、と考えられています。

猫塚（六七ページ）の一つの石室から内行花文鏡など五面出土しましたが同規模の石室がもう一つ、そしてさらに複数の石室もありました。詳細は分かっていませんが現存の数倍の副葬の品があった、と考えられます。

ホケノ山（四八ページ）は明治一五年の盗掘で、画文帯神獣鏡、内行花文鏡の出土が伝えられますが現存するのは三面で二面は不明です。

佐紀石塚山（伝成務陵）は一八〇〇年代半ば、一八四四年さらにその四年後には二度、と計五度も暴かれ、また五社神（伝神功皇后陵）宝来山（伝垂仁陵）もそれぞれ盗掘を受けた記録があります。

また大山古墳（伝仁徳陵）の主体部の遺品も多分散逸し、何ひとつ残っていないのではないか、と考えられます。などなど盗掘、散逸の例を述べるとそれだけで大変な紙数を要します。

古墳のほとんどが盗掘をうけて遺品は失われた現況を思いますと、かつては現存の数倍の鏡があったはず、と考えて支障ありません。

武寧王陵やツタンカーメンのような例は我が国では、藤ノ木の奇跡以外は望み薄いようです。

「舶載鏡と分類される」ものでも現存の倍以上、最低一〇〇〇面以上は存在したことでしょうが、すでに述べたように、そんなにも多量の三角縁鏡が渡来した記録、証拠がありません。

三角縁神獣鏡が出土するたびに「これぞ卑弥呼の鏡、邪馬台国の証」と大騒ぎしますが、それ以前に「これが舶載である」確とした根拠は明らかではありません。

（2）三角縁鏡が中国から出土しない、発見されないのは倭国に遣わすため特別に鋳造した、という仮説は成立するでしょうか

景初三年銘（二三九年）の鏡が二面存在します。これは卑弥呼が魏から一〇〇面の鏡を含む幾多の下賜品を得た年に符合し、そのうちの一面、島根・榊原神社古墳の鏡は三角縁鏡で、和泉黄金塚は半円方形帯神獣鏡でした。そしてその翌年の二四〇年、正始元年銘鏡も兵庫・森尾古墳と群馬・柴崎古墳鏡はともに周辺部断面が三角形の三角縁鏡です。

そして三角縁の紀年鏡が、中国からもたらされた鏡であると大きな根拠になっていましたが、その説の信奉者に衝撃的な発見がありました。

京都福知山・広峰15号からなんと「景初四年銘」の鏡が飛び出しました。同じ鏡が辰馬考古資料館にも所蔵されていました。

この問題について、多数の研究者の意見が述べられ、屋上屋を重ねることもありませんが、景初四年の年号が存在することはありません。景初三年一月に皇帝が死去したため、改元は早い時期からの既定事実でした。即ち景初三年十二月の次は「後十二月」で、その次は「正始元年」になり景初四年の年号が存在する可能性はなかったわけです。

倭から遣いがくる。その準備をせよ、と早い時点で準備していた、というのも特鋳説の根拠の一つですが、なんとも苦しい説明で説得性は乏しいようです。例えそうであったとしても誇り高い中国が、周辺の国にとんでもない瑕疵品、年号の間違った品をを与える、なんて考えられません。貴方が人に物を差し上げるとしたら何を考えるでしょう、と問うまでもないことです。

二三九年卑弥呼の貢物に対し魏から返礼の品は、「錦などを主に四種の豪華な織物」そして汝の好むものとして「錦、絹、金、刀」に次いで六番目にやっと「鏡百枚」があり、その後に「真珠鉛丹各五十斤」即ち八品種の中で「百面の銅鏡」は六番目にあげられるに過ぎません。

「銅鏡百面」といっても、中国の贈物としての序列評価は決して高くはなかった、ということでしょう。

この点からも返礼の品、あるいは贈り物として評価の高くない品をわざわざ別注し、大切な年号の間違ったペケ品を渡すことなど考えられぬことです。

榊原神社古墳出土　景初三年銘　三角縁神獣鏡

菅谷文則氏は次の通り述べます。「卑弥呼への下賜品として特別に鋳造（特注）されたものであろうか、これはまず成り立たない仮説と言えよう。

日本から出土して中国から出土しない中国鏡はない。

三国志には特鋳した記録がない。

第二回目の遣使に対し鏡を下賜したと記していない。

一九八七年広峯から「景初四年銘」盤龍鏡が出土したことによって、成り立たぬことが明らかになった。」（日本人と鏡、同朋社出版一九九一年）

これらに対し樋口隆康氏は一九八七年六月一〇日の新聞紙上で反論されています。即ち

1・鋳造技術、模様、型式、

2・これまで日本人学者が余り問題にしなかった「景初四年」があった可能性を指摘し、魏志は後年編集されたもので間違いがある。

そして「景初四年五月丙午」というのは特鋳の吉日として古くから使われており、必ずしも五月に造ったものでない。

というのが主旨です。この反論をどのように理解されるが。いずれに理があるか、申すまでもありません。

（3）三角縁神獣鏡が古墳に埋葬されるのは、早くみても三世紀末か四世紀の初め頃からになるようです

全国で二〇〇〇余りの古墳から出土した鏡は三〇〇〇面を越える数になりますが、その三分の一以上が中国製の鏡とされています。

卑弥呼が魏から鏡を受取ったのは二四〇年で、そして同時に（遣いの難升米、牛利が）「還り到らば録受し悉く以って汝の国中の人に示し、国家汝哀れむを知らしむ可し」との指示も受けています。

もし仮に九州の卑弥呼が受けたとすれば、石塚山、赤塚に葬られている権力者にまず渡したであろうし、ヤマトに卑弥呼が都していたとすれば、黒塚、桜井茶臼山、椿井大塚山の主に束ねて渡したことでしょう。但しこれは、その鏡が三角縁鏡である、という仮定が前提です。

右記三古墳の中でもっとも早く造られたのは黒塚であることは、まず間違いないでしょう。その黒塚も早くみても三世紀末を遡ることはなさそうです。

卑弥呼が魏からもらった鏡が三角縁神獣鏡であったとすれば、五〇年にわたる長い間は他の鏡が副葬され、ある日から突如として、大量の三角縁神獣鏡が広い範囲で埋め始められたことにな

甕棺、石棺（平塚川添遺跡発掘調査概報）

ります。

首長の権力が強くなり世襲制度が確立した為、シンボルであった三角縁鏡が宝物としての権威をなくして埋納された、という説明もありますが説得力は弱いです。

九州では甕棺墓時代は鉄製品などが副葬され、箱型石棺の時代なって内行花文鏡など前漢鏡が現われ始めます。それはまさに卑弥呼の時代と重なっています。

ホケノ山は三角縁鏡とは無縁、中山大塚には三角縁鏡より古い二仙二禽獣鏡の破片、下池山からは直径三七・六センチの国産と思われる内行花文鏡が出土しましたが、三角縁鏡は伴っていません。その内行花文鏡はベスト五位の大きさで、重量は四・八八キロもありました。

大切なことは、三世紀には既にこの程度の鏡なら、国内で十分生産する技術が存在していたことであり、すぐれた鋳銅技術が大和、あるいはその近くにあったことは重視したい点です。

大和の地方で三角縁鏡の埋納が始まるのは、今のところ黒塚、桜井茶臼山と山城・椿井大塚山以降になります。椿井大塚山は前記二古墳に比して築造は遅れるようです。

もっとも纏向石塚、勝山など纏向の出現期古墳を発掘すれば現れるかも知れません。もしそうにでもなれば、大きな問題提起になるでしょうがその可能性は低い、と考えて差し支えなさそうです。三角縁鏡は庄内式土器とともに出土しません。大和で庄内式土器は三世紀の初めに0式があわれ、三世紀末頃の3式まで続くとされます。但し権現山51号（二八ページ）は特殊器台と三角縁神獣鏡を合わせて持っていましたが、これは別途に考える問題でしょう。

三世紀の半ば、倭国乱れ狗奴国との戦いも不利に傾いたとき、卑弥呼は魏から入手した貴重な宝物、鏡の分与を急いだに相違ありません。

その狗奴国を東海に考える説がありますが、その戦闘交戦の相手国に椿井大塚山の同笵鏡が岐阜七面、愛知四面、静岡五面、同じく黒塚の同笵鏡は岐阜三面、愛知二面、静岡から三面も出土しています。理解の難しい点です。

卑弥呼の没後「国乱れて千余名を殺す時代」から「国中ついに治まる」壱与の時代になって分与した、という説明があるかもしれません。この地方からの三角縁鏡の出現も他地域と同じように四世紀以降になります。判断のむつかしいことです。

(4) 弥生時代に銅鐸、大型内行花文鏡を造り出した国産鋳銅技術を、どのように評価すればいいのだろう

一度だけ銅鏡を造る〔真似ごと〕をした経験があります。

バーナーでガァーッと一二五〇度に熔かした青銅を、フラン樹脂で造った鋳型に流し込む。フラン樹脂は目が荒くとても小細工はできません。三角の縁と鋸歯文を掘り込んだつもりでしたが、思惑と全く異なる表現困難?な出来上がりになってしまいました。

鋳型に流し込むのは無論専門職任せです。しばらくして取り出した製品を水で冷やし、周縁はグラインダーで整え、鏡面の凹凸はコンクリートにこすりつけて平に仕上げようと力を込めて一〇分一五分続けましたが、平らにするどころか、紙一枚の薄さを削るになんと力を要したことか。時間かけましたが、金色に輝く青銅がこんなにもしぶとく堅い、とは思いもよらぬことでした。

「長期間使用した結果生じた、手ずれによる摩滅や破損の修理個所が確認されることを指摘し、早く日本列島にもたらされた後漢鏡が長期使用された云々」あるいはまた「前期古墳に一世紀ころの中国鏡が副葬されていることがある。製作から二〇〇~三〇〇年も経て古墳に副葬された事実を指摘し、その鏡の磨滅していることを理由に、三角縁神獣鏡とともに日本列島にもたらされ

たものでなく、宝器として長く伝世されたものである」という説もありますが、手でさわり触れただけで摩耗するほど、青銅はやわくありません。

手もとのコインを見ても分かります。毎日毎日、コインケースやレジで金属、コインどうしがチャリーンと衝突しこすれあっていますが、その摩耗度合いはどうでしょう。

三六五日間一日に幾度もこすれあっても、一年くらいでは新品同様です。二年目でも光は失われず、摩耗のあとも殆どつかないようです。毎日撞くお寺の鐘が撞木で摩耗した、という話は聞いたことがありません。

銅鏡を毎日こすり続ける実験を、長期にわたって試みたことがあるのでしょうか。

銅鐸の場合も同じです。内側に舌を打ったあとがある、など説くその人は銅鐸の舌を打ち続ける実験でもしたのでしょうか。

☆舌＝鐸の内部に垂れさげ、ゆり動かして音を立てるに用いるもの。銅舌を伴った銅鐸の出土もあります。

すこし脱線しましたが、その銅鐸の製造は現代の技術でもってしても容易でないようで、大阪府立弥生博物館の銅鐸は、その製作に大層苦労されたそうです。展示品は来館者が自由に叩くせいか、かなり肉厚に出来上がっていました。

八尾市立民俗歴史博物館をはじめ、各地の復元された銅鐸も同じです。

橿原考古学研究所付属博物館展示の銅鐸は、三宝伸銅が製作したそうですが、その製作には大層苦心されたと聞いています。

京都文化博物館売店の復元銅鐸は、鋳造産業の盛んな富山・高岡製だそうで「伝香川出土、国宝銅鐸」を摸したものですが、やはりかなり厚く、ズッシリ重量もあります。

紀元前から造り続けられた銅鐸は、その造形美は無論ですが、一見すれば二〇〇〇年もの昔、この列島に住んでいた私たちのご先祖の製作技術がいかに卓越したものであったか、贅言を要しません。

一メートルを越える巨体をわずか数ミリの薄さに仕上げる、高度な技術を弥生時代からご先祖が持っていたことに驚くばかりです。

それらの鋳銅技術は、完成度の高い国産巨大鏡製作技術と共存し、あるいは受け継がれた、とみてよいでしょう。国産巨大鏡は

福岡・平原遺跡　内行花文鏡　径　四六・五センチ
山口・柳井茶臼山　だ竜鏡　径　四四・五センチ

奈良・柳本大塚　内行花文鏡　径　三九・七センチ
国立博物館蔵　だ竜鏡　径　三八・七センチ
下池山　内行花文鏡　径　三七・六センチ
桜井茶臼山　内行花文鏡　径　三五〜三八センチ（三面）
紫金山　勾玉文鏡　径　三五・九センチ
佐紀陵山　方格規矩四神鏡　径　三四・九センチ
　内行花文鏡　径　三四・三センチ
　方格規矩四神鏡　径　三二・七センチ

などがあります。平原鏡は重さ七・九五キロを量り、それほどの巨大鏡が五面もありました。下池山鏡も四・八八キロのジャンボサイズでした。

これ程の鏡を九州、大和で造り上げる技術が、弥生時代から古墳時代を通じてあったことは疑いのない事実です。

☆＝柳井茶臼山、柳本大塚、紫金山は一三七ページ、下池山は五一ページに述べました。

舶載と国内産鏡

三角縁神獣鏡は舶載鏡と国内産鏡に分類されます。その根拠は出来の良いものを中国産とし、出来具合、仕上がりの良くないものは国内産、と単純に外見で判別し、科学的な根拠はないようです。

そんな曖昧な判断で、舶載か否かを区別して良いものだろうか、と疑問を覚えます。

従来から舶載と分類される鏡も、広い分野から評価すると、かならずしも最高の品ではないそうだです。

「三角縁鏡は大型で豪華に見える。しかし鋳造技術が後漢時代や三国時代の中国産鏡より優れているとは言い難い。むしろ同時代の東アジアの銅鏡の中では、比較的低質なのが三角縁神獣鏡であったといってよいほどである（三角縁神獣鏡の死角・武光誠）」

これらを考え併せると、従来の舶載鏡に対する疑いは、深くなってきます。

中国の王仲殊氏が「三角縁神獣鏡は中国・呉の渡来人が日本国内で製作した」と発表して大きな衝撃を与えました。中国では発見されていない、類似の鏡がないなど、日本国内製説の大きな支柱になりましたが、弥生時代、銅鐸を造りジャンボサイズの内行花文鏡を鋳造した技術が伝承されておれば、三角縁神獣鏡も国内技術で十分に製作できたものと思います。

黒塚七号鏡（三角縁神獣帯四神四獣鏡）の周り獣帯部にラクダ、象の浮き掘りがありました。当時列島内の住人は全く見たこともない動物で、渡来人の影響無しに鏡が作られたとは思われません。なおこの兄弟鏡は京都、岡山と二面あります。

また日本で舶載鏡に分類される鏡は、全て中国で発見されていますが、唯一、三角鏡だけはまだ中国で一面も発見されていません。

泉屋博古館に展示の三角縁神獣鏡に「中国製、舶載鏡」と表示されているのはいいとしても、東京国立博物館に常時展示中の三角縁神獣鏡について「古墳に副葬された三角縁神獣鏡は中国三国時代（二二〇～二六五年）畿内ヤマト政権にもたらされ、倭王が各地の有力者、首長に下賜しとものと考えられる。三角縁神獣鏡は国家形成期に畿内に運ばれ、つづいて地方との政治的関係の成立を示す有力な宝器として利用された」と即ち「舶載、中国製」と説明してあります。

これはいかがなものでしょう。まだ黒白がはっきりしておりません。明らかでないに関わらず、日本の博物館の総本山的な東京国立博物館が、展示中の三角縁神獣鏡に「舶載、中国産」のお墨付きを与えることには、いささか疑問に感じました。

（5）弥生時代、鉄器の数では比較にならぬほど九州に劣っていた近畿が、青銅の量では九州の二倍以上を保有したのはなぜだろう

かつて北九州を中心とした〈銅剣銅鉾文化圏〉と近畿が中心の〈銅鐸文化圏〉があり、近畿から銅鐸が多く出土し、鋳型も東奈良（茨木市）や赤穂から（また後になって唐古鍵遺跡からも）発見され、定説になっていました。

そして銅の量は、近畿は銅鐸を主に約二・五トン、九州は銅剣、鉾、戈など約一トンで近畿地方は九州の二倍以上もありましたが、近年の発掘、研究の結果「北九州が銅鐸の発祥地」であることが判ってきました。

一九七八年〈倭人伝の、奴国の中心地にあたる〉福岡県・春日市の弥生中期の大谷遺跡から朝鮮系小型銅鐸の鋳型が発見されました。滑らかで一片に残された焼けて黒ずんだ跡は、高温で熔解した銅を流し込んだ証拠で、小型銅鐸が造られていたことがはっきりしました。

一九八〇年、鳥栖市安永田で、銅鉾鋳型とともに凝灰質砂岩製鋳型が、

一九八二年、福岡赤穂の浦遺跡から鋳造面が熱によって黒変した鋳型が、

そして鳥栖市・本行遺跡から二世紀半ばとみられる銅鐸破片が五点発見されましたが、そのう

ちの一点は島根・荒神谷銅鐸と、また吉野ケ里出土の銅鐸は、島根に所蔵されていた銅鐸とそれぞれ共通性がありました。出雲には九州から伝わったことがわかります。

従来、宇佐出土の朝鮮系小銅鐸は良く知られていましたが、三雲、須玖岡本などからも発見され、銅鐸は弥生中期には九州で製作されていたことがはっきりしました。即ち銅鐸は朝鮮半島↓北九州↓近畿へと伝わったわけです。

近畿の銅鐸は奈良・大和より兵庫、岡山、滋賀、和歌山から、また四国、淡路からもというように、奈良以外の出土が多くあります。

瀬戸内沿いに技術が伝わったようですが、技術が単独で一人歩きすることはありません。稲作の伝播と同じように、権力者に率いられた一団が瀬戸内海沿いに九州から東に向けて移った、銅の素材を入手するルートも持っていったことは、疑う余地がありません。

無論日本海ルートも無視できません。いまでも丹後半島にはハングル文字の漂流物が多いそうです。出雲の遺跡、鳥取の妻木晩田、青谷上寺、丹後の大風呂、

銅鐸鋳型（大阪・東奈良出土）

奈具岡、扇谷などの遺跡、また日本海側から大和への道筋の近江・伊勢、守山遺跡などを経由するルートも視野にいれねばなりません。

岡山では、新（ＡＤ八～二三年）時代の貨泉が二五枚まとまって出土しています。短命だった「新」の貨幣は後漢時代に多数放出され、我が国には銅製品の素材として輸入されたと推定出来ますが、そんな程度の量で、銅鐸をはじめ近畿の青銅製品の原料が賄えるはずはありません。

朝鮮半島、前漢、後漢の中国本土から入ったわけです。九州経由であれば九州にもっとあってもいいはずですが、九州地域に留まらず近畿に流れていました。やはりメインルートは、九州から波穏やかな瀬戸内で、並行して日本海ルートの複数経路があった、と考えていいように思います。

銅鐸のまつり（平出博物館）

九州では「銅鐸の祀り」が発達せず、東に移ったため九州で造られた銅鐸は鉾や戈に鋳直された、即ち鏡などの銅製品の原料は、ある程度は在来のもので充足できたでしょう。出雲・荒神谷では銅鐸が剣に鋳直されています。

卑弥呼の時代に祭祀が、銅鐸から銅鏡の時代に変革したようです。

荒神谷遺跡

銅鐸溶かし銅剣作る？

東京国立文化財研分析 成分比ほぼ同一

島根県簸川郡斐川町の荒神谷遺跡から見つかった弥生時代の銅剣一本と銅鐸（どうたく）二個の化学成分比がほぼ同一だった、と十二日、島根県古代文化センターが発表した。古い銅鐸を溶かして銅剣をつくったとみられる。銅剣を鋳つぶして銅鐸を製作したとする学説はあるが、逆のケースが推論されるデータが明らかになったのは初めて。

分析したのは東京国立文化財研究所の平尾良光・化学研究室長ら。出土した三百五十八本のうちA－26号と呼ばれている銅剣と、六個の銅鐸のうち二個の化学成分比が、コバルトなどのごく微量に含まれる成分まで一致した。

通説では、同遺跡の銅鐸は紀元前二－一世紀に、銅剣は紀元後一世紀につくらて銅剣の材料にしたのではないか」とみている。

出土した銅剣のうち約十本が水銀朱で彩色されていたことも元興寺文化財研究所（奈良市）の渡辺智恵美

化学成分比がほぼ同一だった、荒神谷遺跡出土の銅剣（手前）と銅鐸二個＝島根県古代文化センター提供

1994年7月13日の報道。

(6) 銘文、文様にも疑問があります

三角縁神獣鏡のみでなく、古代の遺物に銘の残されたものは少なくありません。銘の多いのは「中国・新の貨泉」と「銅鏡」で、秘めた古代の謎を解く鍵も同じように少なくありません。

一九六〇年、天理市東大寺山古墳から出土した鉄刀の把頭はもと素環頭であったと考えられますが、いつ日本に伝来したか詳らかではありません。

その鉄刀の刀棟に「中平□□五月丙午作文刀百練清剛上應星宿□□□」の文字が金象嵌で刻まれていたことはよく知られています。中平年間は一八四～一八九年にあたり、倭人伝にある（桓・霊の間、一四八～一八九年）倭国大乱の時期に相当します。

また同じ天理市（にあり武器との結びつきが深い）石上神社に古くから伝わる神宝「七枝刀」の「泰□四年」で始まる銘文は「泰□四年五月十六日、丙午正陽に、百練の□の七□刀を造る。…百兵を避け、宜しく侯王に供供すべし。…を作る。先世以来、未だ此の刀あらず。百済の世子奇生聖□、故に□王の旨のために造りて□世に伝□す。とあります。
（発掘された古代の在銘遺宝・奈良国立博物館）

☆七枝刀＝六二の字の銘文が剣の両面に刻まれ、その解読に数説ありますが、三六九年に作られたこの刀を百済から倭国に贈る、というものです。百済が高句麗の圧力に対して周辺国との連携強化を計る一環であったでしょうが、韓国では百済が倭に下賜した、と解釈するそうです。

また江田船山古墳出土大刀（二〇〇ページ）の大王銘も「タジヒノミズハワケスメラミコト」即ち従来「反正天皇」とされていましたが、埼玉・稲荷山の鉄剣の主が「ワカタケル大王」と解読されるようになり、この銘文も倭の五王武、すなわち雄略天皇を当てる説に統一されるようになりましたが「天の下治らしめしワカタケル大王の世、奉事展曹人…」から始まります。

前述の東大寺山出土の素環頭大刀が、いつ日本にもたらされたかは不明ですが、魏志倭人伝にいう、卑弥呼が受けた品のうち「五尺刀二口」とあるのが、この刀であるかも知れません。

百年の間、伝世されたことになりますが、全く否定する根拠もありません。

三角縁鏡の銘文、文様は

三角縁神獣鏡あるいは紀年鏡に残された文字を改めて見直しますと、鉄刀とはその記述にかなりの差があるようです。例えば
和泉黄金塚出土「景初三年銘」画文帯神獣鏡（径二三・一センチ）は「景初三年、陳氏鏡を作る」ではじまり、同時に出土した画文帯神獣鏡は「吾作明」でした。

神原神社古墳出土「景初三年銘」三角縁神獣鏡（径二三センチ）には「景初三年、陳氏鏡を作る」とあります。

福知山・広峯15号墳の斜縁盤龍鏡（径一七・五センチ）は「景初四年五月丙午の日、陳氏鏡を作る」とあって、同笵の辰馬考古資料館所蔵鏡は当然同じです。

存在し得ない「景初四年銘」については当然問題があります。（一〇二ページ）

高崎市・柴崎古墳の獣帯文三角縁神獣鏡（径二二・五センチ）も「正始元年、陳氏鏡を作る」とあり、正始元年は中国・三国時代の魏の年号で二四〇年に当り、卑弥呼の使いが帰国の旅についた年と考えられます。

山口・竹島古墳、豊岡・森尾古墳鏡は欠字が多くありますが、柴崎古墳鏡と同笵鏡ですから当然この二面も同じ銘でしょう。

赤烏元年銘鏡（二三八年、山梨・鳥居原古墳）赤烏七年銘鏡（二四四年、宝塚・安倉古墳）は鋳上がりがよくなく、判読が困難ですが「丙午造作明鏡」と読み取れるそうです。

刀剣に残された字句と、銅鏡のそれとは大きな相違があることに気付きます。

鉄剣はそれがもたらされた由来、歴史的事実を述べますが銅鏡の銘文は「作者名あるいはその工房名」で始まり「鏡を所有することによって得られる長寿（生如金石）子孫繁栄（保子宜孫）栄達（位至三公）など吉昌の字句で飾る例がほとんどのようです。

その顕著な例は黒塚、椿井大塚山の鏡でみますと、陳、吾作、張氏、張、王などの銘の鏡が多く、作者名、製作工房名から銘文が始まるのが通常のようです。

鏡鑑（泉屋博古館一九八一年、当時の館長は樋口隆康氏）を参照すれば、前漢時代初期の一面、晩期四面、後漢一面にはそのような例が見られず、後漢・獣首鏡に「呉氏作明意」後漢晩期・獣帯画像鏡に「石氏作真大巧」など数例が掲載されています。

古鏡目録（宮内庁書陵部　一九七七）三角縁神獣鏡綜鑑（樋口隆康　一九九四）も参照しましたが、やはり銘文は作者名、工房で始まる例が多いようです。

音韻学からの批判

私には古代中国語の音韻に関する知識は全くありませんが、舶載鏡とされている鏡の銘文に、到底中国人が選択したとは思えない、全く文法にそぐわない銘文が沢山あるそうです。

音韻学専攻の森博道・京都産業大学教授は専門的な立場から「三角縁神獣鏡の銘文は、ほとんどが銘文としての体をなしていない。句形の長短が一致せず、押韻も乱れている。鋳造以前に銘分として成立するか否かの吟味がなされていないのだ。本来の魏鏡説や特鋳説は成り立たない」と述べられ（東アジアの古代文化一一五号）、さらに「魏の時代は音韻の知識が深まり、卑弥呼の遣使朝貢に銅鏡百枚を下賜したのはこのような時代であったが、榊原神社景初三年在銘鏡は音韻の知識すらなく、そのうえ俗語を交えた字句の羅列、格調の低い拙劣な銘文の鏡で『朕はアホなり』と言うに等しい。

親魏倭王のみならず皇帝自身の権威にも傷がつくこんな鏡を特鋳して賜るはずがない。三角縁鏡に多い『尚方』にしても既製の古い鏡を踏襲したようだが、韻文として成り立つか否かについて吟味が加えられなかった。

『尚方』とは皇室の御物を製造管理する官職であり、本当の尚方がこんな杜撰な鏡を下賜鏡として造るはずがない」と詳細に銘文を検討されています。

辺境の国と雖も、大国の権威、襟度を示す品であれば、たとえ下賜品リストの下位であっても、それ相応の吟味があるはずです。

また、皇帝が（景初三年）一月に死去、次年は改元が決定的であるにかかわらず、全く有り得ない「景初四年銘」鏡を作ることも考えられません。

それより三〇余国を従え、七万戸の「邪馬台国」の都の女王に「位至三公」の鏡を贈ったとすれば、無礼千万の話であり、まして卑弥呼のリサーチもでき「夫婿なし」を承知のうえで「保子宜孫」銘に至っては、もう論外でしょう。

国中の人に示し国家汝を哀れむを知らしむ可し、とあるように速やかに分与することを命じているから、それでもよい、という反論もあるでしょうが、鏡を含め下賜の対象者は「倭の女王・

卑弥呼」「親魏倭王」です。そのような無礼な行為についての擁護があってもそれは詭弁になりましょう。

また仮に王仲殊氏説「三角縁鏡は渡来した呉の工人が製作」を信じるとすれば、二世三世になると父祖の母国語知識が次第に薄くなる、会話はある程度可能でも、筆記、識字能力は加速的に落ちることは、現代にも例が多くあることです。

王仲殊氏の説が重みを持ってきます。

三角縁神獣鏡の傘松文

もう一つ加えます。

中国産とされる三角縁神獣鏡に「傘松状」の文様が鋳造されていますが、この類の文様は中国で出土する鏡には全くありません。

中国出土鏡に全く見られない「傘松文」が、日本で出土する「中国産とされる鏡」にあります。

どの様に理解すればいいのでしょう。

三角縁神獣鏡は貴重品ですか

一九九八年一月一〇日から数日間の新聞は、黒塚で発見された三三面の三角縁神獣鏡の記事で湧きかえっていました。

各新聞の見出しは「卑弥呼の鏡」「卑弥呼を照らす鏡、鏡、鏡」の文字が踊り、「邪馬台国畿内説、これで王手」と黒塚の鏡によって「邪馬台国の所在した地が大和に確定した」という『マスコミ主導の邪馬台国論』が世論を形成した、と言っていいほどの過熱ぶりでした。

私が見たのは各紙とも大阪発行版で、新聞の通例として発行本社毎に扱いの大小や見出しが変わることがあります。邪馬台国九州説の信奉者の多い九州発行版の各紙の見出しはどうだったのか、関心もありましたがチェックはできませんでした。

黒塚の現地説明会は一月の寒空の下で三時間余りも並び、日もとっぷり暮れて周囲が夜の暗さにつつまれたころ、やっと裸電球に

黒塚石室三角縁神獣鏡出土状況　1998年1月10日の報道

照らし出された石室に辿りつきました。係担当者の「急いで、止まらないで」の声に追い立てられながら、石室を三周、時間にして一分間ほどやっと覗き込むことができたましたがそのとき新聞写真、テレビ画像などマスコミ報道では気付かなかった疑問が、突如湧き上がりました。

画文帯神獣鏡は棺内の頭に近い上部に置かれていましたが、三角縁鏡は一号から一六号までの一六面が左側に、右側には一八号～三二号が、極めて乱雑な状態で放置してあった、そのようにうけとめられました。

即ち一～七号は刀剣類と折り重なり、一八～二一号は重ねたような状態で、二二～二六号は同様に刀剣類と、そしてまた二七～三二号は鉄鏃とおり重なるように、いずれも不均衡な間隔で放置された状態でした。放置された状態、といえば過言かもしれませんが、それに近い状態に見て取れました。本書カバーの通りです。

中国からはるばる海山万里の難路を、命掛けで持ち帰った大切な品で、ヤマトの王者が各地の首長に政権の誼として分与する貴重品であれば、もっと丁重な処置がなされて当然、なんだこの扱いは！こんな粗雑な扱いはないぜ！の思いが走りました。

そしてまた、このような出土状態は何を意味するのだろうか。咄嗟に考えたのはこんなことでした。

椿井大塚山の出土状態は判かりませんが、全ての鏡面は外に向いて置かれ、棺に向かって置かれた黒塚とは反対の向だったそうです。

三角縁鏡を数多く出した古墳、佐味田宝塚、湯迫車塚（各一一面）桜井茶臼山（九面）などはともに盗掘の害を受けていますので、調査時の状態は埋葬時と大きく相違していたことでしょうが、同じように「乱雑」な扱いだった可能性が十分に考えられます。

一九九三年「卑弥呼の鏡七面」とマスコミが例によって ヒミコ ヒミコと騒ぎたてた神戸・西求女塚は、地震で石室が崩壊したことが幸いして盗掘を免れましたが、公開されたときは、鏡は取り出されて机上に整頓してあり、埋納時の状態は、私たち門外漢には判かりません。

紫金山では方格規矩四神鏡のみが棺内中央に置かれ、他の三角縁神獣鏡などは、棺の両側に重ねて置かれていました。（大古墳展、ヤマト王権と古墳の鏡展図録）黒塚と同様〈明らかな中国鏡〉と三角縁鏡を区別する意識が認められます。この扱いの差は何を意味するのでしょう。

☆紫金山＝大阪府茨木市、四世紀中～後期と考えられる一〇〇メートルの前方後円墳。
遺物は木棺内外、石室外部の三カ所から三角縁を含み鏡一三面のほか短甲、鉄刀、鉄剣など多数の副葬品がありました。

一九八九年三月一二日の新聞に掲載された〈権現山51号五面の三角縁神獣鏡〉の写真は「家紋の梅鉢型」に置かれた手前の二面が重なって、キチンとした状態ではありませんでした。

また三角縁鏡ではありませんが、和泉黄金塚で発見された有名な「景初三年銘」半円方格四神四獣鏡は中央槨の棺外に置かれ、中央槨棺内に置かれたのは半円方格帯四神四獣鏡、周是作二神二獣鏡でした。

中国年号の入った紀年鏡が、どの程度に扱われていたか、判断材料の一つになります。

東槨から出土の三角縁波文帯龍虎鏡は椿井大塚山と同笵鏡ですが、黄金塚は四世紀末から五世紀初め頃の築造と見られますので、景初年間から一五〇年の後、椿井大塚山からも七〇〜一〇〇年近くを経て埋納されたことになります。

権現山51号三角縁鏡出土状況（新聞報道）

これらの例から判断しますと、三角縁鏡は埋葬に際して丁重に扱われなかったようです。

銅剣銅鐸はキチンと埋納されていました

荒神谷で発見され日本国中をおどろかせた三五八本の銅剣群は、四列で南北方向に長く向き、銅剣は東西方向に、峰と茎がほぼ水平になるようにして刃を立てた状態で出土しました。銅剣の各列は西からA、B、C、D列と呼ばれますが、A列の三四本は峰の方向を一口ずつ変えて交互に置き、B列一一一口の南端4口が峰を西に向けたほかA列同様交互でした。

C列の一二〇口、D列の九三口は全て峰を東に向けて置かれ、各列の南端部で地滑りのため、各列

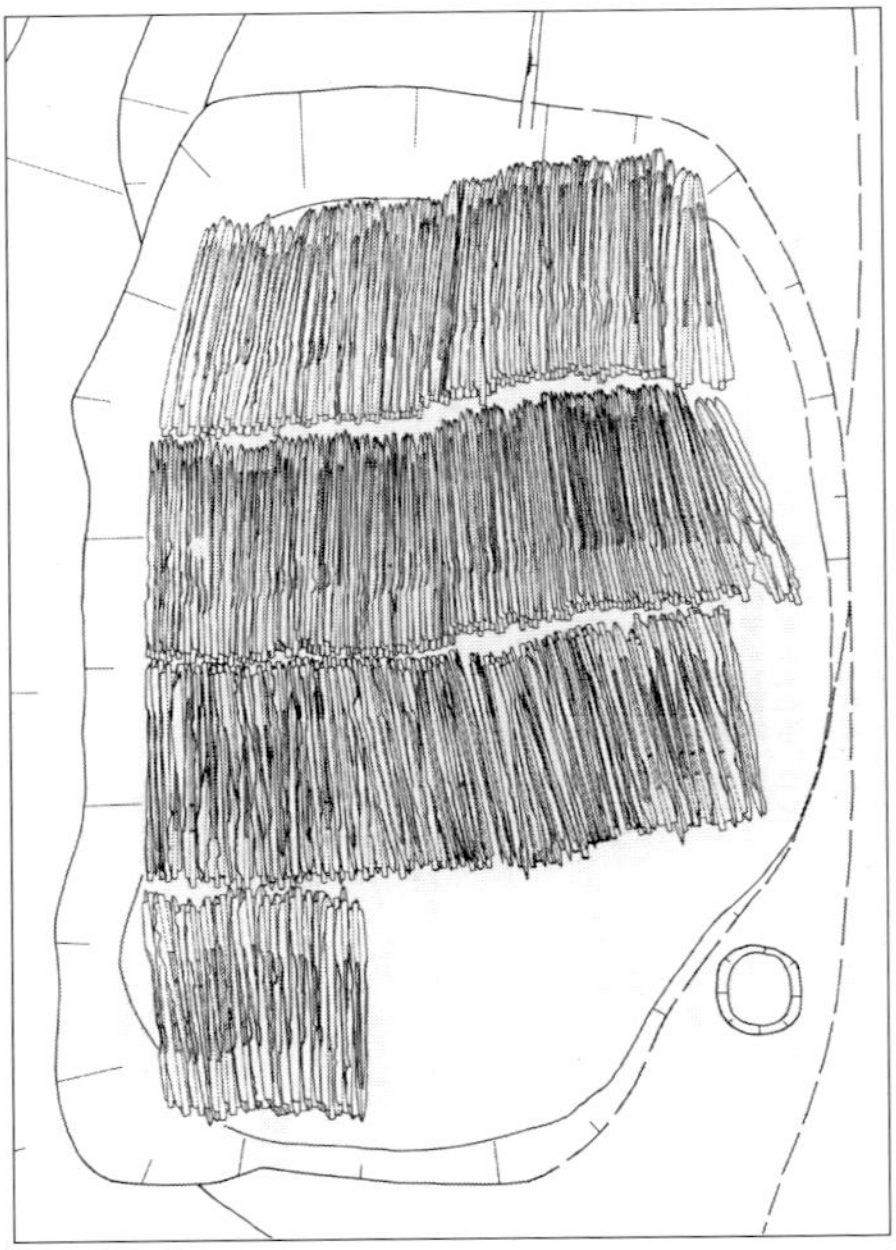

荒神谷銅剣出土状況（荒神谷遺跡銅剣発掘調査概報）

数本が斜面下方にずり落ちた形跡がありましたが、各列とも整然と並べられていたことは明瞭です。（銅剣発掘調査概報一九八五）

銅鐸は人里はなれた丘陵、山の斜面に埋納される例が多いようですが常に鰭を上下にして水平に収められています。

銅鐸や銅剣の例をひくまでもなく、大切な物は大切に取り扱うのが当然です。銅鐸、銅剣、銅矛の埋納には一定のルールがあったようですが、三角縁銅鏡についてはルールがなく乱雑に置かれるのが常で、大切に扱う品でなく、首長の葬列に加わった人達が、三角縁鏡にどのような感情をもち、どの程度の品として扱っていたかを覗き見たような思いが走りました。三角縁鏡は大切に取扱う品ではなかったようです。

そして黒塚にまとめて埋められた数が三三面、椿井大塚山は黒塚以上はあったでしょう。一一面九面と多数所有した古墳も少なくありません。とすれば、現存五〇〇面も数える三角縁鏡ですが、かつてはもっと沢山あったことは確かで、繰り返しますが、これは希少品でなく、ありふれた鏡で入手も比較的容易、量産が可能になって多数埋納しても補充がつく鏡で、それほど珍重する鏡ではなかった、という結論に辿りつきます。

後日になってもっとも私淑する森浩一氏が徳島市・宮谷古墳について「竪穴式石室には盗掘をうけた形跡はなく、小型の重圏文鏡一面、若干の玉、剣、斧など鉄製品があった。僕の見るところでは、宮谷古墳の被葬者の死に際して棺に納められたのは、面径七・三センチの、まるでコンパクトのような鏡で、〝卑弥呼の鏡〟とされる三角縁神獣鏡は、前方部の先端に無造作に置く形で遺棄され土がかぶっていた。これが逆に、後内部の石室に三角縁神獣鏡三面を副葬し、前方部の端に重圏文鏡を遺棄していたのなら、埋納の仕方だけは〝卑弥呼の鏡〟という一部学者の推測にかなうのだが、事実はそうでなかった」とＴｈｉｓ ｉｓ読売一九九八年二月号の記事を知り、まさに「我が意を得たり」の思いでした。

☆＝宮谷古墳は徳島市の西部、市立考古資料館も完備、整備された阿波史跡公園の一角で、吉野川を見下ろす丘陵に築かれた気延山古墳群の盟主塚で墳長四〇メートル。出土した三角縁鏡は、赤塚（大分）鶴山丸山(岡山) 内里（京都）黒塚（奈良）と同笵鏡の関係、また壷形布留式土器（三世紀後半）を有した前期古墳です。

一九八四年三月一七日に開かれた「三角縁神獣鏡のナゾ」シンポジウムで中国の徐・第三研究主任は

宮谷古墳

1、後漢末の戦乱で工房が焼け、鏡作りは停滞した。
2、魏の時代に官営工房は再建されたが、鋳造されたのはすべて後漢以来の旧式鏡だった。
3、従って卑弥呼やその後継者が、魏から持ち帰ったの鏡は後漢鏡に限定される。
と発表しましたがこれに対して田中琢氏は「三角縁鏡は魏の重臣である司馬一族が、権力を把握していく過程で作ったのが三角縁鏡である」と反論しました。

いずれの意見が理にかなうか。ご判断ください。

☆主任＝中国で「主任」は上級管理職で日本の「部長、局長クラス」にあたります。

卑弥呼の鏡、画文帯神獣鏡は？

桜井市教育委員会が、約二〇基ある箸中古墳群の「ホケノ山」の調査成果を発表し、マスコミが報じたのは一九九五年一二月八日でした。（私たちの年齢には一二月八日は忘れ得ぬ日の意識が先立ちます）
大和古墳群調査委員会が下池山古墳の調査結果を三日前に発表し、その後も続報を続けましたが、ホケノ山の現地説明会は下池山と同日九日・一〇日に行い見学者は六〇〇〇名を数えました。

朝日新聞は「卑弥呼の墓の伝承が根強い古墳時代前期前半の巨大前方後円墳の先駆け的な古墳として学会の注目を集めそうだ」と箸墓が「卑弥呼の墓」と思いこませるような報道で、読者が「箸墓はそうか。やはり卑弥呼の墓か」と認識しそうな筆運びでした。

日経新聞の見出しは「三世紀半ば最古の古墳」「卑弥呼と同時代、石囲い木槨初出土」囲み記事では「邪馬台国畿内説有利に」とし一ページの三分の一も費やしましたが、倭人伝に述べられている「棺ありて槨なし」には全く触れず、むしろ「前期古墳に見られる竪穴式石室に先行する石室とみられる」と述べていました。

身屓気も悪くありませんが各紙とも大阪発行版は「邪馬台国と近畿をどうしても結びつけたい」字句、表現が少しばかり強過ぎるように感じるのはいつものことです。

黒塚では三三面の三角縁神獣鏡が無造作、投げやったような状態で棺外に置かれ、被葬者の頭近く置かれたのは画文帯神獣鏡で、その画文帯神獣鏡がホケノ山から出土したため、また論争（論騒?）の火種になりました。

三角縁神獣鏡を卑弥呼の鏡であると推定する根拠の一つは、景初三年銘の三角縁神獣鏡が神原神社古墳から見つかっていること。同笵鏡が多く、多数の製作に適していることなどもその理由で、従来、画文帯神獣鏡は三角縁鏡より古い年代の製作と考えられ『卑弥呼の時代に合わない』

とされていましたが、ホケノ山の年代はまさに卑弥呼の時代、むしろ三角縁神獣鏡の年代が合わなくなってきました。

樋口康隆氏は朝日新聞に「個人的な見解だが、画文帯神獣鏡は、三角縁神獣鏡と同様に卑弥呼が魏の皇帝からもらった銅鏡に含まれているといってもおかしくない。邪馬台国近畿説の有力な資料になると思う」ラストの言葉にいままでの「三角縁鏡こそ卑弥呼の鏡！」との強弁がすこし変化したような印象をうけました。

小山田宏一氏（大阪府狭山池ダム資料館主査）はホケノ山画文帯神獣鏡の文様から二二〇～二三〇年頃中国で造られ、間もなく日本に持ち込まれたと推定。「ホケノ山の鏡が卑弥呼の鏡の一枚と考えても全く矛盾はない」「この時期の墓から画文帯が出たのが最もいい証拠。銅鏡百枚はこのタイプの画文帯神獣鏡が主役」（産経新聞）と語りました。

また岡村秀典氏（京都大学助教授）は画文帯鏡をそ

画文帯神獣鏡（ホケノ山出土）

れ以前、二世紀末の鋳造と判断「二世紀末〜三世紀、朝鮮半島北部に勢力を有した公孫氏から手にいれたものでしょう。鏡は伝世するもので、すぐ埋葬されるとは限らない」と論じ、また前記樋口氏は「当時、中国には鏡の種類が多くあり、卑弥呼もいろいろな種類をもらった。銅鏡百枚は画文帯や三角縁まで色々まざっていた」（産経新聞）とそれぞれの説があります。

幾度も繰り返すことになりますが、卑弥呼がもらった鏡は二三九年に一〇〇面で、それ以外にもらったとする記録がありません。騒然とした国内事情を考えると、もらっていて欲しいと思いますが、卑弥呼の鏡はむしろ画文帯神獣鏡で三角縁神獣鏡ではない、という説も根深いものがあります。

三角縁神獣鏡の現存五〇〇面、とはかっては一〇〇〇面以上もあった、と考えることができます。この推測は否定できません。否定する材料も根拠もありません。

三角縁鏡舶載説を主張されるためには、この根拠をも明らかにせねばならぬでしょう。

当時の鋳造技術は

青銅鋳造技術についてもう少し考えます。

平原遺跡は二世紀後半、倭人伝にいう「伊都国」にあたります。一九五六年ミカン園造成中に花文鏡がみつかり、民間研究家の故原田大六氏を団長に、福岡県教育委員会が緊急発掘調査を行ないました。

☆伊都国＝倭人伝には「官を爾支と云い副は二名、千余戸あり。世々王ありて女王国に統属し（帯方の）郡使のとどまるところ」とあり重要な地とされています。福岡県糸島があてられます。

約二メートル幅の溝が環る一八×四メートルの方形周溝墓から、前漢鏡（中型二）後漢鏡（大型六、中型二七）素環頭大刀一、ガラス勾玉三、ガラス管玉約二〇、ガラス小玉六〇〇以上、赤メノウ管玉一二、蛋白石丸玉約五〇〇、蛋白石耳当一、周溝から鉄鏃一〇、ノミ、ヤリガンナ、斧各一、の豪華な出土品とともに、四面とも見られていた超大型内行花文鏡が五面もありました。径四六・五センチ、重さ七・九五キロの超大型は、とても化粧用の鏡とは考えられません。かつてJR前原駅近くにあったプレハブの資料館でこれを見た記憶があります。当時はまだ国内産かどうか明かでありませんでしたが、ともかくその偉容、桁外れた大きさに一驚、疑問ばかりが頭の中をグルグル駆けめぐりました。

方形周溝墓の規模は大きくありませんが、副葬された品々は弥生時代後半の伊都の王の存在を見事に物語っており、国内産であることは疑う余地が全くありません。

二〇〇〇年三月、福岡県教育委員会文化財保護課長・柳田康雄氏が『従来四面とされていた超大型内行花文鏡の五枚目が確認され「大宣子孫」銘は中国では産出されていない。中国鏡と見ていた方格規矩四神鏡もスが入り技術の劣ることや文様が雑なこと、中国に類例がない「陶氏作鏡」の銘文などを挙げ、「中国渡来人やその子孫が作った可能性」と国内で生産の見解を発表され同時に「太田南5号、安満宮山の青龍三年銘方格規矩四神鏡」も平原出土鏡との類似から仿製鏡とみておられます。

その他、倭人伝にいう「伊都、奴、不弥」などに充てられる国々では

三雲南小路　前原市　鏡三五面以上　前一世紀
須玖岡本　春日市　鏡三〇面以上　一～三世紀
井原遺溝遺跡　前原市　鏡数十枚　二世紀

など北九州が金属文化、鋳造技術の先進地であった証の一つです。

多くの銅鐸を製作しそのあと地中に埋納された頃に続く時代にも、あの精巧、巨大な鋳銅製品を造り続けた技術は生かされ、技術者たちは生き延びていた、と考えることができます。

平原遺跡以外に国産大型鏡を所有した古墳、遺跡は一一〇ページにあげたとおりです。

前後しますが巨大国産鏡を伴った個所を挙げますと
☆径四四・五センチの「だ龍鏡」を出した柳井茶臼山は、瀬戸内では竹島（三二ページ）に次ぐ前期古墳で、墳長七〇メートル、画文帯吾作明四神四獣鏡など五面の鏡のほか、ガラス小玉、鉄鏃、鉄剣、土師器などを出土しています。
☆柳本大塚は、大和古墳群の前期古墳。墳長九四メートル、径三九・七センチの内行花文鏡は古墳出土では最大のサイズで、主体部と少し離れた不整円形の副室に収められていました。
☆下池山古墳の内行花文鏡は五二ページに述べたとおりで、「群を抜いて完成度が高い、先進国中国に追いつけと総力を結集して造った鏡」と橿原考古学研究所も発表しました。（一九九六・二・二七、朝日新聞）
☆紫金山の径三五・九センチの勾玉文鏡について石部正志氏は「斬新な意匠で技術水準の高い日本製の鏡」とみておられます。
（大阪の古墳　松籟社　一九八五）

鏡の埋葬は辟邪と鎮魂のためですが、なぜか柳本大塚と下池山はともに主体部でなく副室、少しはなれた小石室に収められていました。

そして下池山鏡について繰り返しますが樋口隆康氏（橿考研所長）は「先進国中国の先端技術に追いつこうとしていた当時の技術者集団の熱意を、ひしひしと感じる。古墳時代の鏡鋳造技術の頂点とも言える遺物で、製作者たちは完成後、中国を越えたと思ったのではないか」と語っています。

技術者集団が「中国を越えたと思っただろう」と推定されたことは即ち樋口氏も「この鏡は中国の水準を越えた」と思えばこその発言であった、と推察されます。

柳本大塚、下池山の大型鏡を造った技術者集団の工房は多分大和か、また近い地にあったことでしょう。

「平原の鏡造り」技術者集団など幾多の技術集団の東進が、弥生時代の近畿の銅鐸生産、また古墳時代には下池山、柳本大塚、桜井茶臼山、紫金山など大型鏡製作の基礎になった、と考えていますがこの関係は、現在の私にはこれ以上の判断がつきません。

二世紀末の九州にも大和地方にも優れた技術工房があればこそ、これらの鏡が出来たことだけは確かです。

中国産鏡に比して優れなくとも、比較的質のよいものを『舶載』とする科学的でない分類、根拠の希薄な分類は、発展途上時代の仮説といえます。再検討される時期にきている、と考えますがどうでしょうか。

銅をどうした?

銅は自然銅のほか酸化銅、硫化銅系の鉱石を還元させる方法があるそうですが、文献では文武天皇二年（六八九年）に因幡、周防で発見され次いで奈良時代、元明天皇一年にあたる七〇八年、武蔵国秩父郡より和銅が献上されたことによって、慶雲の年号を「和銅元年」と改元し「和銅開宝」を鋳造しました。

文字のある歴史時代の記録ですから、間違いのない事実でしょう。即ち国内で銅が産出されたのはこの頃からで、それ以前の約一千年間は無論、その後も国内で大量に産出し製錬されるまでは、銅器製作の原料を朝鮮半島、中国からの移入品に頼っていたことは間違いありません。

紀元前より銅鉾、銅矛などの製作が盛んで、就中、日本特有の『銅鐸』も無論、朝鮮半島、中国の銅をその材料に用いていたことは、従前から指摘、発表されていました。

一九八二年六月三〇日、第五回地球宇宙年代学国際会議で馬淵久夫氏（当時東京国立文化財研究所科学研究室室長）が、銅鐸五三個についての調査結果を発表しました。

即ち、鉛の同位体比を量ったところ、二個の銅鐸は中国や日本の鉛が示す同位体比からはずれ、朝鮮半島で造られたことがはっきりしている銅剣、銅鏡の鉛の同位体比とよく似ていることから、朝鮮半島から材料が運び込まれたことが分かりました。

残り五一個は、中国前漢時代（BC二〇三～AD八）の前漢鏡と同位体比がほぼ同じで、中国の材料を使っていることもはっきりしました。

同氏は「中国の同一場所で大量に調合したため、同位対比が均一になったのではないか。ここできた材料が日本に運びこまれたものであろう」と推測しておられます。
理科系に全然弱い者には〈鉛同位対比〉と聞いても全く理解できませんが、銅や錫は地球上のどの産出地でも安定同位体の比は同じであり、鉛は地域によって異なることを応用した判定法で、これまで弥生時代の青銅器は朝鮮半島や中国の鉛を含み、日本国内産の鉛は当然検出されていません。

さらに同氏は一九八六年三月二四日奈良で開かれた「第二回保存科学研究部会」で同様の研究成果を発表し、同じ中国製でも後漢（AD二五〜二二〇）の青銅の鉛同位体対比は異なり、現代の中国鉛鉱山と比較した結果「前漢の産地は中国北部、後漢の鏡は中国南部」であることを明らかにされています。銅鐸に遅れて国内で造られた鏡は、後漢の材料でした。

同氏はそれよりかなり早い時点で、鉛同位体の研究成果を明らかにされています。（考古学のための科学一〇章、東京大学出版会一九八一）

三世紀はじめころの遺跡、浜松市・伊場遺跡の一九八八年度の調査で、発見された銅鐸、銅釧、銅鏃、銅鏡など七一点の銅製品の殆どの材料は、紀元前後に流通した中国南部産。近畿式、三遠式銅鐸と呼ばれる二〜三世紀の銅鐸の組成は中国華北産と判明しましたが、長さ八センチの釣り針だけはＢＣ一世紀の朝鮮半島産でした。

銅鐸や中国鏡などに限らず、国内産鏡にも格好な例があります。

福井県今立町から出土した四世紀半ばの家屋人物獣鏡は、中国鏡を模倣して造った鏡で、これまで調べた約一〇〇面の三角縁神獣鏡の平均値に近い数値を示し「国産の鏡にも中国南部産の鉛を含む良質の青銅が使われていた」と馬淵久夫氏は判断しました。

良質の青銅材料が大量に輸入されていたことは確かで、青木豊昭氏（福井県立博物館）は「中国からの材料を使い、日本の工人が造るというルールが確立していたようだ」と語っています。

島根・荒神谷の三五八本の銅剣に用いられた銅素材は中国渡来でしょうが、紀元前二～一世紀の銅鐸二個と、紀元一世紀と推

青銅は朝鮮半島産

伊場遺跡（浜松）の釣り針

東海地方で初めて

青銅器文化 変遷研究の貴重資料

東京国立文化財研が確認

朝鮮半島産の青銅が使われていることの分かった伊場遺跡出土の釣り針（浜松市博物館蔵）

1990年1月30日静岡新聞

定される『A―26号銅剣』の科学成分比が、ごく微量のコバルトまで一致したと一九九四年七月、（当時）東京国立文化財研究所・平尾良光科学研究室長が明らかにしています。

即ち紀元前の銅鐸も紀元一世紀の銅剣も同素材で造っていた。同産地の銅でしたが、この事実は重大な意味をもっています。


ところで二〇〇四年五月一五日の夕刊各紙には驚かされました。驚いたのはその報道内容でなく、新聞の報道方法でした。

京都泉屋博古館所蔵の三角縁神獣鏡を兵庫県三日月町にあるSpring―8で分析した結果、三角縁鏡に含まれる微妙な金属の成分比率が、三～四世紀の中国鏡と極めて類似することが分かった。という内容でした。

☆泉屋博古館＝住友財閥がその財力を駆使して収集した「古代中国・殷、周時代の青銅器コレクション」で、中国以外では最大規模。その館長は高名な樋口康隆氏でした。

☆Spring―8＝日本原子力研究所と理科学研究所が一九九七年に建設、同種設備は米、仏にも一か所づつありますがここが最新、最高の性能です。太陽光線に反射してギラギラ光る円周一・五キロの巨大構造物は全く不可解な姿、一体これは何んじゃ？異様な感じを与えます。

国内産の銅が全くない時代に国内で造られた鏡や銅器類の原料は中国、朝鮮半島から運ばれたものであることは至極当然、従前から周知の事実で、問題を提起するかのような新聞の扱いには一驚の次第でした。

毎日新聞は、一面トップ五段見出し『卑弥呼の鏡・三角縁神獣鏡、中国説に新証拠?』一〇面では『卑弥呼の鏡に新証拠』と重ね、九面にも関連記事を、なおかつ一面、三角縁鏡の写真に「Spring—8を使って分析され、中国鏡説が強められた三角縁神獣鏡」のキャプションまでついていました。九面で「待たれる総合的研究成果」とありますが、大半の読者の頭には、一面見出しや写真に先入観が入りこんでいるでしょう。

朝日も同様一面トップ五段見出し『「卑弥呼の鏡」三角縁神獣鏡、中国製と成分一致、同じ原料使って作る?』とし他面で『卑弥呼の鏡分析、断定にはデータ蓄積必要』と少しは一面見出しにブレーキをかけたような感じがみられました。

産経も一面見出しに特大文字で五段抜き『三角縁神獣鏡「卑弥呼の鏡」は中国製?青銅の成分ほぼ一致』と、各紙とも偏見、偏向度が強烈でした。

それに反して、読売新聞は社会面で四段一二センチ程度の囲み記事で、「謎の鏡三角縁神獣鏡、微量成分で2群に大別、一方は中国製青銅鏡とほぼ同一」と、日経は一面左下段に五段八センチ程度の囲み記事で『三角縁神獣鏡、中国製説強まる』他面では「卑弥呼の鏡に科学のメス。製作地論に一石」と両紙はともに極めて簡潔に要点を報じていました。

これらは大阪本社版で、九州、名古屋、東京、北海道版はどのような扱いであったか調べようはありませんが、同一ではないでしょう。

奈良新聞は『三角縁神獣鏡、一部は中国産か。銅成分、三国時代と同じ』総合ニュース面でした。新聞の一面トップは必ずしも大事件とは限りません。その日のトップを飾る記事は、その日のニュースの量と質のかね合いで決まるのが通常です。

そしてこの内容は従前から「三角縁神獣鏡は中国産、輸入銅で造られてれていたと」衆知の事実を「新装値で分析を行った」というだけのものでした。

そして新しい装置を使った結果は〈従来の既知定説の追認〉で、新発見でもなんでもありません。精々「読売新聞か奈良新聞」程度の扱いでよい、その程度の内容にしか過ぎないでしょう。泉屋博古館と財団法人高輝度光科学研究センターが、同日京都で開催されていた日本文化財科学学会で発表したもので、マスコミ関係には事前に詳細なレジメも渡されていたことでしょう。

当日の発表内容が、多分まだ会議進行中の昼頃に印刷される新聞に詳細に報じられている、ということは予定稿として当日までに原稿のみでなく、組もできあがっていた、ということになります。

中国、朝鮮の原料を使用したとしても銅鐸、銅剣などは鋳型が現存するので国産、三角縁鏡の鋳型は未発見だから国産でなく『中国製』そんな単純な理由はないでしょうが、三角縁鏡の原材料が中国産だからこれは中国製に違いない、とういう理論がなりたつのでしょうか。

各紙の記述内容は大同小異、問題はその扱い方と、見出しの文字で、各社のデスクと整理担当の考え、問題点の認識度の差が紙面の差になった、ということです。

下衆の勘繰りを重ねれば、発表者のネームバリューに盲従したか、重鎮とされる人の説を過大評価したか、知識の欠如か、いずれにしても権威に弱い新聞の悪癖、欠点をさらけだし、読者に誤解を与えるような扱い、そのような印象を強くしました。

一九九二年の樋口隆康氏の著書「三角縁神獣鏡綜鑑・新潮社」に、山崎一雄、室住正世、馬淵久夫氏が「椿井大塚山出土鏡の化学成分と鉛同位体比」の研究成果を発表されていますが「大塚山出土鏡三二面はすべて日本産鉛と全く異なる鉛同位体を示す。即ち日本産の鉛を用いて作られたものでなく、中国産の鉛が用いられている。ただ中国のどこの鉱山かは特定できない。日本で出土した青銅器の鉛同位体比による研究は未解決の問題を多く含み、将来に期待するところが多い」と明記されています。

余談になります。鉄のインゴットは数多く発見されていますが銅のインゴットはまだ発見されません。やはり何らかの器、形ではいってきたものが鋳直された、ということでしょう。

三角縁神獣鏡総括

三角縁神獣鏡の問題点を数々挙げました。重複する点が多くありますが、要約総括しますと

(1) 卑弥呼が魏からもらった鏡は三角縁鏡、画文帯神獣鏡を合わせて一〇〇面プラスアルファに過ぎません。

しかし、国内で既に中国産とされる三角縁神獣鏡だけで五〇〇面も発見されており、三角縁鏡の総計は、当時でおそらく一〇〇〇面を越こえる数があった、そうでなければ五〇〇の三角縁鏡が現存するわけがありません。

しかし、それだけの数を輸入した、とする記録がありません。もらったかも知れないが、もらっていない可能性のほうが強い。現存する数にふさわしい輸入がなければ、国内で造ったと考えねば数量が合いません。

（2）中国で発見されていないのは、特注、特鋳品とする説があります。
景初三年銘、正始元年銘などの紀年三角神獣鏡が、中国製説根拠の一つですが「景初四年」と全く存在しない年号の鏡が二面も現れました。船載鏡説にとって致命的な問題です。

銘文は中国の識者の手によったものとは考えられず、文字知識の希薄な者が見よう見真似で造った、と推定できます。

到底中国の国家威信を込めて造ったものとは考えられません。

（3）発見されるのは早くて三世紀末、多くは四世紀以降、あるいは五世紀の古墳に限られ、卑弥呼の時代から五〇〜一〇〇年以上も遅れます。
首長権が固まって世襲の制度が確立するようになり、権威のシンボル的価値が薄れ、古墳に埋葬されるようになった。という仮説も根拠が希薄で説得力に欠け、鏡を埋納するこの時代になって鏡の入手が容易になった、そしてその数が増えたとする説があります。

（4）鏡の仕上がり程度によって中国鏡、国内産鏡と区分しています。
弥生時代から古墳初期にかけて、我が国には銅鐸、超大型内行花文鏡を鋳造する技術、能力があったことは疑う余地はありません。その伝統の技術力がありました。中国鏡と分類されている三角縁鏡も、中国、漢、魏代の作品と比較すれば決して「優れた品」ではないそうです。国内に受け継がれた技術力を評価したいものです。王仲殊氏の「渡来した呉工人の製作説」も、その可能性が十分考えられます。

（5）発見されるのは常に「墓の副葬品」ばかりです。

その取扱も「画文帯神獣鏡」に比し粗雑で、丁寧な扱い方がうかがえません。それは「明器」としての扱い以上のものではない、そのように見受けられます。同時に多数が埋納された実例が多くあります。特別な貴重品でなく極くありふれた品、入手がそれ程困難でなかった。量産が可能になり、埋葬しても補充が可能で、珍重するに値いしなかった、などによるものかも知れません。そのような感じを与えます。

（6）三角縁神獣鏡が中国本土から出土しないのは、中国では漢、魏代の発掘が進んでいないから、という反論があります。

それも事実でしょうが、中国でも墓があばかれ、発掘を受けた例も少なくないですが、この種の鏡は未発見です。

詳しい情報は把握できませんが、中国の学者研究者が揃って「中国にない」という言葉を信じるしか方法がありません。

（7）原料は全て中国製、朝鮮半島製の青銅です。中国産の銅で造ったから中国製、というのは余りにも短絡的で銅鐸をはじめ剣、鉾、斧、鏃、釧など青銅製品は、全て輸入材を使っています。

そして、これらは鋳型が残されていますが、三角縁神獣鏡の鋳型は国内で発見されていません。凹凸が細かく複雑な文様の鏡の原型は石製では困難で、真土型の粘土が用いられたことでしょうが、一枚の型で一面の鏡しか造れません。当然ですが鋳型は残らないでしょう。が、いつか国内のどこかで　破片が発見されるかも、そしていつの日か必ず出てくるでしょう。

これらから導き出される解答は言うまでもないことですが、どう考えても三角縁神獣鏡はこの国内で、渡来技術を受け継いだ私達のご先祖が、技術力を磨き向上させ、中国に追いつけ追い越せ、と努力した結果の作品であって欲しいものです。そうであろうと信じます。

なお、大和が三角縁鏡の「生産、管理、分与」の中心地、と述べました。大和またその近くで大量に造られたため、大和からまとまって出土するわけです。
「生産」という表現を使ったのは以上の理由によります。
反論の予想をしております。

第四章　土、石の移動

土の移動

土器は多量多種の移動あるいは、祭祀用と考えられる少種少量、そしてまた遠隔地移動には容易に考えもつかぬ問題点が多数あります。

日本の土器は、地方、年代の特徴をかたくなに固持して、造り続ける例が極めて多くあります。森岡秀人氏（芦屋市教育委員会）に伺ったところでは、土器製作は製作者のクセ、巧拙の差があっても、地域の特徴をよく守って造られているので、この土器片とあれとは同じ人が造ったもの、と指摘できる程だそうです。

口径の小さい土器などは女性でなければ内部に手が届きません。土器製作は女性の仕事だったようです。

都出比呂志氏は既に一九七九年の早い時期に、「土器の流通から首長層間の婚姻関係を想定し、農業共同体から地域を一つに結合した政治的同盟グループの発生」を発表し「仮説の域を出ないが非常にユニークな見解」と評価されていました。

広島県三次市の矢谷古墳には、吉備（岡山）南部から運ばれたという特殊器台、特殊壷が墳丘

矢谷古墳埴輪（三次歴史民俗資料館パンフ）

の周辺から多量に出ています。

　矢谷古墳は、山陰地方に多い四隅突出型、前方後方墳丘墓に近い形の低墳墓ですが、一九七三年三月「矢谷古墳」として国史跡の指定を受けていますので、やはり古墳の名称を使うのがいいでしょう。

　三次市は広島県といっても分水嶺を越え、日本海に注ぐ江の川の上流に位置し、夏季は鵜飼が盛んで「酒とビールとワインの揃った街」と市パンフレットのPRです。

　県立三次歴史民俗資料館に復元した特殊器台が展示されていますが、そこにもまた現地にも「吉備から運ばれて…」と説明がついています。土器の移動は人、あるいは人の集団移動によると考えていたため、この説明に疑問を感じ三次市教育委員会に問い合わせしたところ早速調査報告書のコピーを送付いただきました。

　それには「特殊器台、壷に関しては本地域では初見の例であるが器台、胎土、文様などの特徴は、岡山県域に顕著に分布するものと全く同一であり、吉備中枢部から搬入されたものと考えられる」「特殊器台、壷は岡山県西江遺跡、便木山、西山遺跡に類似例が見いだされ、いずれも広義の向木見タイプに含まれるものであり…」と明記されていました。

人が運び込んだということですが、どのようなルートを辿って運んだのでしょうか。水路の利用はできません。整備した道路や宿泊施設のなかった時代に食料も野営用具もどども、大きなサイズの埴輪を途中無傷で運び得たとは到底考えられません。重く、壊れやすい。何人かで運んでも一人が悪路に足を取られて転べば破損することは確実です。製品を運ぶより、原材料を運び現地で生産するほうが確実でしょう。

多分二名一組、モッコで土を運んだと思います。交替要員、食料、露営用品などを考えると大がかりな組織人員になります。多分そうしたことでしょうが、吉備の土器、祭司土器が広島、兵庫、大阪、奈良などで大量に発見されます。ここまでこだわるのは何故だったのか。なぜそうなったか。難問にあたりました。

以前は纏向、箸墓で発掘された土器について、（1）吉備工人が大和で造った。（2）河内の土砂で造った。（3）純大和産、という三つの説が考えられていましたが、橿原考古学研究所研究員、奥田尚氏のグループが、纏向出土の器台破片や権現山51号墳出土の器台破片を調べたところ、総社平野東部で産出する閃緑岩で造られており、岡山県下の宮山、向木山、柳坪遺跡で見つかった特殊器台と同じ砂であることが判明したそうです。（一九八四・五・一七、産経新聞）

権現山51号は特殊器台を埋蔵し窯跡も発掘された赤穂・原田中遺跡が近いので、そこで製作された土器類が運ばれたかな、と推定していましたが、この考えは駄目だったようです。

古墳時代…葬送の「特殊器台」

吉備で生産し大和へ直送？

岡山と桜井の遺跡 材料に同じ砂使う

【橿原】古墳文化の中心地・古代大和地方で墳墓に供えられた特殊器台は、吉備地方からの搬入品であった可能性が強い—という研究結果が十六日、地質研究家や埴輪研究家らのグループによって明らかにされた。岡山県下と奈良県桜井市の纒向（まきむく）遺跡から出土した器台の砂質を比較してわかった。古墳時代初頭の葬送の系譜を知る手がかりとなりそうだ。

グループは奈良県立橿原考古学研究所研究員で大阪・八尾市立刑部小教諭の奥田尚さん▽八尾市教委職員、米田敏幸さん▽大阪文化財センター、岸本道昭さん▽器台研究家、狐塚省蔵さんの四人。ことし三月から岡山、広島の両県の三世紀—五世紀の古墳、遺跡を実地踏査し、ここで得た資料を三十倍の実体顕微鏡で表面観察した。

この結果、岡山県下の宮山、向木見、柳坪の三遺跡で見つかった特殊器台はいずれも、総社平野の東部で産出する閃緑岩の砂でつくられていることがわかった。

閃緑岩は結晶面を持つこの地方独特の砂質。桜井市を中心とする大和地方では、全く認められない。ところが、纒向遺跡で出土した器台の破片（同研究所付属博物館蔵）についても同じ表面観察をしたところ、全く同じ結果が得られた。さらに、兵庫県竜野市の播磨地方にある権現山51号墳で出土した器台破片や壷も同じ砂質だった。

こうしたことからグループは「特殊器台が吉備で生産され、播磨を経由して大和に運ばれた可能性が高い」と判断。特殊器台や円

岡山・宮山遺跡出土の特殊器台。古代大和地方へ直送されたらしい（講談社「日本の原始美術」から）

1984年5月17日の新聞報道。

箸墓前方部の一番高いところから出土した「刷毛目」土器、また後円部中央部近くの「胴部に三本の隆起帯」土器は岡山、楯築の供献土器と共通した特徴をもち、岡山、吉備と同じ土器であつた。即ち吉備の古墳築造の影響が箸墓に表れていた。（古墳時代の時間・大塚初重）

さらに一九九八年の調査によって約三五〇〇点の土器片を採集「後円部には特殊壷、特殊器台、

特殊器台埴輪が配列され、前方部には二重口縁壷型埴輪が配置されていた」「都月型特殊器台埴輪のほか宮山型特殊器台の存在も確認した」と宮内庁書陵部紀要（二〇〇〇年）に述べられています。

ヤマト政権の成立、というか大和の大型古墳の造営と祭りに吉備の勢力が深く関わっていたことが明らかです。

箸墓に先行する石塚、東田、矢塚、勝山などは発掘調査が行われておらず、周辺調査では吉備の影響は報告されていません。が一九七五年の宮内庁書陵部紀要に「箸墓と石塚、勝山、矢塚、東田を一体のものとする同じ祭祀用具を共有する」とあったそうです。

祭祀用具の同一性がどのように認められるのか、素直に納得しがたい点ですが、箸墓と共通であれば、箸墓に先行する石塚なども吉備の影響をうけて造られた、ということになってしまいます。

前記纏向石塚以下の古墳に次ぎ、そして箸墓に三〇〜五〇年も先行するホケノ山（四八ページ）には吉備の影響は認められていません。

即ち箸墓の時代になって、初めて吉備の影響、関わり合いが生じ、祭祀用には吉備系土器、葺石は大坂山など遠方の石を用い、そしてなにより築造の規模が一挙に巨大化します。吉備の影響は祭祀にとどまらず、古墳の築造そのものに関わってきたようです。

それは中山大塚に引き続いて西殿塚にもつながりますが、ここ西殿塚を発掘しても三角縁神獣鏡の埋納はないでしょう。

三角縁神獣鏡を副葬する新しい祭祀儀礼は三世紀末か四世紀初頭の黒塚、桜井茶臼山以降になり、それは卑弥呼が一〇〇面の鏡を入手してから五〇年以上を経た後世のことになります。

箸墓の築造は

箸墓は墳長二八〇メートル　体積三〇〇，〇三六リューベ（石川　昇氏）と計算され、先行する纒向古墳群と体積を比較すれば

勝　山	（墳長一一〇メートル）	一一，三三〇立方メートル	二六・五倍
ホケノ山	（墳長八五メートル）	一一，一二〇立方メートル	二七倍
東田大塚	（墳長八〇メートル）	九，二七〇立方メートル	三二・四倍

石　塚（墳長八八メートル）　九，九八〇立方メートル　三〇・一倍
矢　塚（墳長七三メートル）　九，八〇〇立方メートル　三〇・六倍

即ち箸墓造営はすざまじい作業量になります。数字を見る限り、一挙に膨大な労働力を組織した、というより技術の革新が極めて短期間になされた、そしてそれには在地従来の技術でなく、吉備あるいは各地から労力を集める勢力の関わりあいがあったと推測できます。

「ときの人はその墓を名づけて箸墓という。その墓は昼は人が造り、夜は神が造った。大坂山の石を運んで造った。山から墓に至るまで、人民が連なって手渡しにして運んだ。大坂山に人々が並んで登って、沢山の石を手渡しして、渡していけば渡せるだろうかな」（日本書紀巻五・宇治田孟）

その頃の常識では考えられぬスピードで造ったことを表している、とする説もありますが、今まで見たことも試みたこともなかった大工事、難工事をやり遂げたのは人の力ばかりでない、従前の工法では考えられない人力を越える神の力、援助があったと、という思いがこもった記述ではないかと考えます。

大和在来の技術でなく、外来の大きな新しい革新技術が注入されたとすれば、その現場に残る

在地以外の出土品は、即ち、新しい革新技術をもたらした集団の土器がその現場に残ったわけです。

大和の巨大前方後円墳の誕生は定型化した箸墓にはじまり、その原型は吉備に求めざるをえなくなります。

ただその古墳の造営の時期が問題になります。倭人伝によれば、邪馬台国は二四六〜七年頃から狗奴国と交戦、戦局は極めて不利な状態にあったことが判かります。そして二四八年頃に、卑弥呼が死亡したと推定されますが、そのあと「男王を立てるも国内おさまらず千余名を殺す」とあることを考えると、内乱は三年や五年でなく相当長期間に及び、台与が朝貢する二六六年の数年前まで続いたことでしょう。

当時の戦闘で死者千余、という表現はその戦乱が極めて長期にわたった、と推定できます。(九〇ページ)

その間、もし大和に邪馬台国があったとすれば、狗奴国と不利な戦闘を続け、また千人も殺す内乱の中で、巨大古墳や中小古墳を数多く造り続けることは到底できぬことだったでしょう。しかもその巨大古墳築造には吉備の影響が大きく及んでいます。

ヤマトの古墳築造が盛んになる以前、三世紀はじめころに「最初の都市」と考えられる纏向が出現します。箸中古墳群築造の中心地でした。纏向遺跡に持ち込まれた外来土器の産地は西は九州、東は関東地方まで広範囲に及び、東海系が最多だそうです。

そのなかでも吉備との関係が根深く、祭祀あとに用具も発見され、まして吉備で首長権の継承儀礼に使われた特殊器台〈直線と弧線が連続する弧帯文〉が発見されています。吉備の影響は古墳築造の関わり合いだけでなく、重要な〈祭祀儀礼〉に至るまで影響を持っていました。

一九八二年、井藤暁子氏（大阪文化財センター）は東大阪・巨摩遺跡から出土した二三〇〇点の土器を調べ「二世紀中～後期の倭国大乱の頃、吉備地方の人びとが、かなり河内に渡来した」と推論されました。ここから南へ五キロ、八尾・亀井遺跡から吉備の分銅土器も出土しています。

纏向は、卑弥呼が女王に共立された頃には、まだ出現していません。そして大和に大型古墳が築かれなくなる頃に姿を消します。〈古墳築造のキャンプ地〉のような存在に思えます。

いま古墳の近くに「首長の館あと」の発見が続きます。京都・向日市にもそして群馬・保渡田古墳群には五世紀後半の三ツ寺Ⅰ遺跡、また松山市から古墳時代の大型建物一棟の樽見四反地遺跡が発見されていますが、行灯山、渋谷向山、西殿塚など大大和古墳群付近からまだ首長館の跡が発見されていません。

古墳の石

初めての古墳見学は一九六〇年代の末頃でした。勝部光生氏（現龍谷大学教授）を講師に、誉田御廟山（伝応神陵）から「裸美人の異名をもつ」古室山、仲ツ山（伝仲津媛陵）市の山（伝允恭陵）の巨大古墳のほか誉田八幡宮所蔵国宝〈鞍金具〉を特別拝観、近鉄・土師の里駅前小学校にある〈阿蘇溶結凝灰岩の〉石棺そして安福寺〈香川、鷲の山石の〉直弧文石棺まで歩き、遠方まで運ばれる石に疑問が湧きました。

日本の古代、歴史に関心を持って、飛鳥には一九五〇年代から幾度も足を運んでいました。無論、飛鳥にも古墳はあります。

宮内庁管理の石室に穴が開き、石室、石棺の写真がマスコミに公開された巨大前方後円墳〝見瀬丸山〟をはじめ石舞台、中尾山、阿倍文殊西古墳、菖蒲池、艸墓、いま注目のマルコ山など多くあります。（高松塚の壁画が発見される以前でした。）飛鳥時代に数百年も先だってこのような文化があったことを知って驚きました。

特に唐櫃山、長持山の「阿蘇溶岩製石棺」と、安福寺の「香川・鷲の山石の直孤文のある」石棺には何とも不可解な疑問と、大きな感銘を受けました。

☆見瀬丸山＝橿原市にある古墳時代後期最大の前方後円墳で、全長約三一〇メートル。後円部は宮内庁が陵墓参考地に指定、全国最長二八メートルの石室に二基の石棺があって、欽明陵とする説が有力です。

そして次の古墳見学は、間壁忠彦氏（倉敷考古館館長）が現地講師の「吉備路の古墳見学会」で、このとき造山の威容に圧倒され、作山の地表に残る円筒埴輪の基底部に「朝早く来てスコップで掘れないだろうか」と不埒な心を起こしたりしましたが、なによりも造山にもあった〈阿蘇溶結凝灰岩の石棺蓋〉に「何故ここにもあるのか？」大きな疑問が心に残りました。この疑問は後々まで長くその尾を引きづって今日に至っています。ほんと、考えるほど不思議なことです。

初の古墳見学も第二回目も優れた講師に恵まれ幸い

楯築遺跡

でした。

この時、まだ世に十分知られていなかった〈楯築遺跡〉のことも聞き「大きな発見だそうだ。ともかく見なくては話しにならぬ」と〈給水塔が目印〉と教わった通り、日を置かず岡山駅からレンタカーで訪れ、ここでも不思議な石造物を見ました。

この日は〈鬼が城〉にまで足を延ばしました。鬼が城は巨石構造の朝鮮式山城です。


古墳石棺の石材については、間壁忠彦氏が力作（石棺から古墳時代を考える、同朋社出版一九九四）を出版しておられます。

各地古墳の石棺を尋ね、丹念に産地を突きとめた好著で、阿蘇溶岩製石棺についても内蔵した古墳を挙げておられますが、なぜ九州阿蘇の、それも西側、宇土半島方向に流れた溶岩ばかりが石棺に造られ、各地に運ばれたか、古墳見学当初からの私の疑問点には深く触れておられません。

阿蘇溶結凝灰岩製石棺は九州で熊本県五八、福岡県南部一〇、佐賀県南部四、大分県九、宮崎県九、鹿児島県一、合計九一基になるそうです。

そして九州以外でも意外な地点、古墳から発掘されています。

ともあれ古代から石の移動は、盛んに行われていたようです。

元稲荷古墳の項（二五ページ）でも少し触れましたが、それより遥かの以前、大阪・四条畷市讃良岡山遺跡祭壇からヵ

石棒＝越前〜加賀南部・石英安山岩

磨製石斧＝姫川か青海川・ヒスイ

敷石＝丹波〜越前の河川か海岸か赤色チャート・九頭龍川・正硅岩・付近の石・白色・灰色・暗灰色チャート・神戸市西部〜三田・硅化木

縄文後期〜晩期には既に遠方各地から、セレクトされた石が運び込まれていたことは驚きです。

古墳時代に入って箸墓の葺石が、奈良盆地を西の大坂山から東に、手で運ばれたことはよく知られていますが、巣山古墳（奈良・広陵町、中期初頭、墳長二〇四メートル、玉類、銅釧、石製腕飾類、土師器など出土）墳丘葺石には二上山の東から五カ所、西側の三ヵ所から石榴石黒雲母安山岩、黒雲母流紋岩、輝石安山岩、黒雲母花崗岩、斑糲岩など多種多様な石を集めています。

古代人の石に対するこだわりは、いま理解できないほど深かかったようです。

阿蘇溶結凝灰岩石棺の産地・所在地

九万年前、阿蘇の大爆発の噴炎は連日天を覆い、九州北中部に流れ出た溶岩は約六〇〇立方キロメートル、天地を焼き尽くすように奔流しました。

いま九州の大地の基になる灰色の凝灰岩は、この時の大火砕流が岩層になったものです。

以下、宇土市教育委員会高木恭二氏にご教示いただいたことを中心に続けます。

各地に送られた阿蘇岩の石棺は肥後産に限られ、肥後国内の数個所で製作されましたが、宇土市馬門の「赤い岩」、乾燥するとピンク色になるため「阿蘇ピンク石」と呼ばれる石で製作した石棺が、推古天皇陵とされる奈良・橿原「植山古墳」や「確実に継体天皇陵」とみられる大阪・高槻市「今城塚」で発見され、その他既知の石棺が改めて「馬門産ピンク岩」と判るなど、新たな謎を呼んでいます。

ピンク岩の石棺を埋納していた古墳は『宇土市教育委員会の資料』を参照すれば次のようになります。

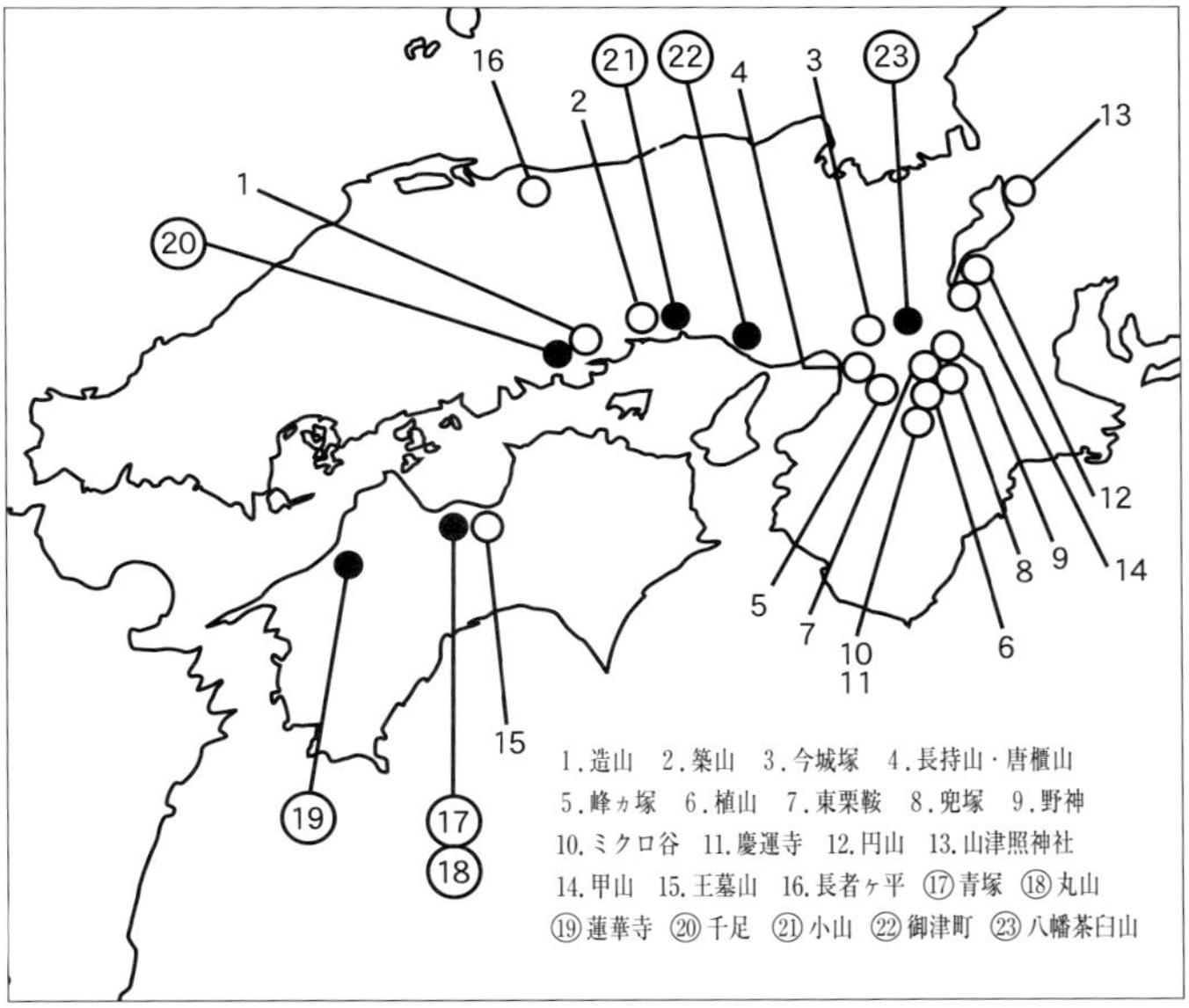

阿蘇溶結凝灰岩製石棺の所在地（○印は馬門産ピンク石以外の阿蘇石）

【造　山】（岡山市）五世紀前半（図—1）

丘尾切断型の前方後円墳で墳長三五〇メートルは、大仙、誉田山、上石津ニサンザイに次ぐ第四位の巨大墳で、自由に登り得る古墳では無論第一位の大きさ、阿蘇溶岩製の刳抜式石棺があります。

盾、蓋、家形埴輪なども伴いますが、内部施設は判りません。墳長第三位の上石津ニサンザイ（伝履中陵）と同時期、五世紀前半の築造。

二〇〇四年九月に改めて造山を訪れました。やはりその巨大さは驚きで、上屋の下におさまった石棺は風雨のためピンクの輝きは失っています。
陪冢とされる「千足古墳」については改めます。

【築山古墳】（岡山・長船町）六世紀前半（図―2）

墳長八一メートル、王氏作神人画像鏡、碧玉、管玉一四、ガラス勾玉、鉄剣、鉄刀、槍、甲兜片、鉄製農工具、馬具、杏葉などを出土。

主体部は後円部中央、扁平な割石を小口積みにした竪穴式石室は明治四〇年に盗掘を受け、ピンク岩製の家型石棺はほとんど破壊され、壁面の一部が残るそうです。棺外の出土品はすべて国立東京博物館の所蔵です。

【今城塚】（高槻市）六世紀（図―3）

宮内庁は、ここから一キロ余り離れた「太田茶臼山」

阿蘇溶岩製石棺蓋（造山古墳）

を雄略陵と指定しているため、ここは「国指定史跡」にとどまりますが、多くの研究者は「ここが雄略陵に相違ない」と考えています。太田茶臼山と雄略の時代とは約一〇〇年の差があります。

一九九七年以降、高槻市教育委員会が一九九八、一九九九、二〇〇〇、二〇〇三年と継続的に調査していますが、特に一九九七年度は「天皇陵、初の発掘調査」と新聞が報じました。

今城、という名の通り戦国時代には城砦に利用され、また大地震による墳丘の崩壊などで大きく変形していますが、後円部に石室の一部と見られる石材の一部が露出しています。

第五次規模確認調査現地説明会資料に「三種類の家型石棺片が見つかって…」とあります。墳長一九〇メートル、後期に限れば第四位の規模です。

江田船山（一九八ページ）の鉄剣に、系譜上第二六代、五〇七〜五三一年君臨した雄略の名が記されていましたが、雄略時代前後の『大和と肥後の関わり』をどのように理解すればよいか、大きな問題です。

【長持山】（藤井寺市）五世紀後半（図―4）

市の山（允恭陵）の陪冢とされ最古形式に属する刳抜式家型石棺二基が近鉄土師の里駅前の小学校に安置されます。この刳抜形石棺蓋は、石人山（福岡県）江田船山（熊本県）の石棺とも類似点が多く、鞍、鐙などの馬具類、刀、矛、などの鉄製品、小札鋲留衝角付冑、眉庇付冑、短甲、頸甲各二、甲冑類、馬具類など多数出土しましたが、なかでも挂甲は稀に見る遺存例とされています。

【唐櫃山】（藤井寺市）（図―4）

長持山と同じように「市ノ山・伝允恭陵」の陪冢とされます。陪冢とはいえ墳長五三メートルもある帆立貝式前方後円の規模で、同じ地、同時期、同性格の長持山と同様に馬門石の石棺です。

鉄刀、鉄剣、短甲、轡などとともに出土した鏡は、東京狛江・亀塚鏡と兄弟関係にあります。一九五五年に破壊され跡地は府道と消防署敷地になっています。

【峯ヶ塚】（羽曳野市）五世紀末（図―5）

墳長八六メートル未盗掘の大王級古墳として大きな期待が持たれました。

一九九二年に竪穴式石室を発掘調査、二〇～三〇歳代成人の歯四点、人骨、豪華な副葬品（大刀九〇～一二〇センチ一五振、板状鉄製品一、三叉形垂れ飾り五点以上、鉄製、金銅製花形飾一一点以上、空玉約五〇点、三輪玉数点、ガラス玉四〇〇点以上、ガラス小玉一二〇〇点以上）

藤ノ木級の副葬品

羽曳野市の峯ヶ塚古墳

全国統一期の大王墓か

大刀飾りなど2000点

「主」石室の上方から

応神陵古墳をはじめ巨大な前方後円墳が集中する古市古墳群のひとつ、大阪府羽曳野市軽里二丁目の峯ケ塚古墳（国史跡）から竪穴式石室が見つかり、出土した銀製のねじり環頭大刀など多数の珍しい副葬品から、この古墳が大和王権による全国統一の時代に相当する五世紀末から六世紀初めの築造と確認された。羽曳野市教委が二十六日、同古墳調査検討会（北野耕平・神戸商船大教授ら四人）の調査研究をもとに発表した。竪穴式石室の下には「主人公」の眠る横穴式石室が別にあると推定されているが、超一級の遺物が未盗掘で見つかった奈良・藤ノ木古墳に匹敵する副葬品で銀、金銅製品の多さや精巧な細工などの豪華さからみて、雄略朝から継体朝にかけての大王墓級である可能性が強い。日本統一期の大王墓級で、埋葬中心部の発掘はこれまでに例がなく、被葬者の系譜をめぐって論議が高まりそうだ。

（社会面に関係記事）

峯ケ塚古墳は、墳丘の長さ九十六㍍の前方後円墳。二重の堀を持つことが確認されており、墓域の全長は約百七十㍍。「ヤマトタケル」の河内陵と伝えられたこともある。古墳の復元整備をすることになり、昨年秋から調査していた。

竪穴式石室は後円部頂上から約二㍍下で見つかった。床面には礫（れき）が敷き詰められ、復元すると縦四・五㍍、幅二㍍、高さ一・五㍍になる。盗掘され

㊤大阪府羽曳野市の峯ケ塚古墳後円部の墳丘から見つかった大刀。銀製花形飾り、魚佩などが見える㊦使い方が不明な装身具。三叉形垂れ飾り

「峯ヶ塚」の新聞報道。1992年3月27日

などから大王級の墓とみられます。

そして装飾品、大刀のかざり部分など全て純度一〇〇%の金銀が用いられていました。

峯ヶ塚の築造された年代に当るのは、雄略から第二二代清寧、第二三代顕宗、第二四代仁賢、第二五代武烈を経て第二六代継体（五〇七～五三一年）にいたる六代でうち雄略、清寧、仁賢は〈王陵の里〉古市に葬られた、とされますが真否は当然分かりません。いずれにしても全国統一期の王墓であることには相違ありません。

江戸中期までは白鳥陵（日本武尊陵）とされていましたが、その後宮内庁が現

在の「前の山陵」に指定したため、宮内庁の管轄から外れ今回の調査になりました。出土品は朝鮮系色彩がつよく、朝日新聞は「藤の木古墳クラスの副葬品」と報じました。（一九九二・三・二七）

竪穴式石室が上部に、下部に横穴式石室の二重構造になって上下同時期に造られたようで、下の石室は未発掘で大きな期待がよせられていましたが、何故か文化庁は調査を打ち切りました。理由は分かりません。

【植山古墳】（橿原市）六世紀末〜七世紀初頭（図―6）

二〇〇〇年八月、推古天皇、竹田皇子の墓と考えられる「植山古墳」の発表は世間を驚かせました。東西約四〇メートル南北約二七メートルの長方墳で、一つの墳丘に二基の石室を具える「双室墳」は推古朝時代（五九二〜六二八年）前後の特徴です。

竹田皇子を葬ったと思われる六世紀末の西石室（全長一三メートル玄室長六・五メートル）から阿蘇ピンク岩の刳抜式家形石棺が、また七世紀前半と思われる東石室（玄室長五・二メートル）からも同じく阿蘇ピンク岩の破片数十点がみつかり、西石室と同様、阿蘇ピンク岩の石棺が収まっていたと考えられます。

宮内庁が指定する推古天皇陵・山田高塚（六三×五五メートル長方墳）は大阪府太子町にあり

ますが、死後、竹田皇子と一緒に橿原付近に葬られたと紀記が伝えます。

植山古墳を伝えた新聞は一様に「阿蘇溶結凝灰岩」として「ピンク岩」まで言及していません。馬具の金属部を束ねるのに使う「苧麻」と呼ばれる麻糸が、光沢を失なわず発見されたのは珍しいことでした。

【東乗鞍】（天理市）六世紀中頃（図―7）

墳長一一八メートルの大型前方後円墳。巨石の横穴式石室に刳抜式家形石棺、組合わ式石棺の二基は共に凝灰岩製、甲冑小札、馬具の出土がありました。

☆家型石棺＝棺の蓋が寄棟造りの家屋の屋根に似ているところからこの名がつきました。刳抜式と組合せ式があり、刳抜式が先行し、組合せ式は六世紀に現れるようです。

【兜　塚】（桜井市）五世紀（図―8）

墳長五〇メートルの前方後円墳、碧玉細形管玉二、ほぼ完全な形で残された琥珀棗玉一のほか金銅張鏡板破片、杏葉破片などの馬具。ガラス小玉、銀製丸玉、そして凝灰岩刳抜式家形石棺があります。

【野　神】（奈良市）五世紀後半（図―9）

五社神（伝神功皇后稜）をはじめウワナベ・コナベなど巨大古墳が集中する奈良市西部佐紀古墳群の南にあって二二×一一メートルの不整形円墳ですが前方後円墳の可能性もあります。長さ二七センチの大形剣菱形杏葉二、杏葉一、特に銀装鞍金具は半肉彫りの連続鳳凰文で、国内、半島でも類を見ない秀品といわれます。

そのほか奈良では【金屋ミロク谷】（図―10）【慶運寺】（図―11）の名が挙げられています。今の金屋は小さい集落ですが、山の辺の道の起点でかつては『海柘榴市の八十のちまた』（万葉集十二）とうたわれる賑わった地で、有名な「石棺蓋石で造った石仏」重文・金屋石仏（高さ二・一四メートル平安後期）は「ミクロ谷」です。この付近から出土したものでしょう。

【円　山】（滋賀県・野洲町）六世紀初頭（図―12）

径二八メートルの円墳で、三七メートルの帆立貝式とする説もあります。右片袖式横穴石室に凝灰岩刳抜式家形石棺、螺旋状耳飾り、銀製垂飾付き耳飾、歩揺のほか衝角付横矧鋲留冑、銀製金具小刀、鉄鏃五〇〇本以上、鞍金具、鐙などの馬具と古墳規模に関係なく多彩豪華な副葬品でした。

【山津照神社】（滋賀県・近江町）後期後半（図―13）

四五メートルの中型規模ですが、国産内行花文鏡、五鈴乳文鏡、五獣鏡、金銅製装具片、広帯式冠帽、鞍橋覆片二、鉄地金銅張杏葉二、雲珠四、輪鐙一、轡一、鹿角製柄刀子片二、鉄塊など極めて豊富、多種多様な副葬品を内蔵していました。

【甲　山】（滋賀県、野洲町）六世紀初頭（図―14）

径八メートルの小型円墳ですが、片袖式横穴石室は度重なる盗掘を受けてもなお、金糸歩揺、ガラス玉、桂甲、馬甲、鞍金具、鐘形鏡板付轡などの馬具類、銀装鉄鉾など多彩、朝鮮半島南部との関連が指摘される遺物の多いことが注目されます。

【王墓山】（香川県・善通寺市）後期後半（図―15）

墳長四六メートル程度の規模で、石屋型横穴石室です。金銅製冠帽、金環二、銀環六、銀象嵌鍔付鉄刀、銀象嵌連弧文付、銀装鉄刀など鉄刀五振、挂甲、鉄地金銅張・f字形鏡板付轡三、同剣菱形杏葉三、同雲珠三、同銅製馬鈴付大型雲珠一、鉄鏃など百数十点のほか硬玉勾玉一、管玉三〇、ガラス臼玉約七〇、滑石臼玉三〇、金環二など大層豪華な副葬品がありました。

☆石屋型＝大きな板石を二個の側石でささえ、板石の下に遺骸を収める空間を作る構造で熊本、福岡に多く、王墓山は石棺のみでなく石室の構造も肥後型式でした。

【長者ヶ平】（鳥取県淀江町）後期後半（図―16）

帆立貝式、墳長四八メートルの規模で、大型横穴式石室（長さ一〇・三メートル　高さ、幅二・六メートル）を備え、金銅製透彫冠、素環頭柄頭、三累環頭柄頭、三輪玉三、銅鈴八など多彩な副葬品が発掘されています。

☆淀江町は遺跡の多い地で、妻木晩田遺跡は縄文時代から室町時代まで続く大型遺跡、特に弥生中～後期の大型弥生集落で知られ、九州以外で「石馬」の存在は淀江町だけです。今は町立資料館に収蔵されていますが、かつて訪れたおりは公民館の一室にゴロン、と寝かされていました。

日本最古級の仏教壁画、上淀廃寺跡が発見されたのもこの町です。古代の丘、白鳳の里、そして古墳群も点在します。

江田船山（熊本）高下（長崎）もピンク岩があります。高下は（国見町）径一八メートルの円墳？横穴式石室壁面全体に朱が塗られ、土師器、須恵器、勾玉、水晶製切子玉、金環、鉄斧、刀子など多彩。六世紀中頃。地元ですから当然と言えば当然ですが、江田船山は特に大和政権との間に深い関係がありました。一九八ページに述べます。

ピンク岩ばかりではなかった

阿蘇溶結凝灰岩で造られた石棺は、宇土市馬門のピンク色岩のほか、菊池川、緑川の流域でも造られたようで、同じように瀬戸内から河内、山城にまで運ばれています。

それらを調べているうち、どうにも理解困難、疑問の迷路に迷い込んだような問題に遭遇しました。

【青　塚】（香川県・観音寺市）（図—⑰）

墳長四三メートル帆立貝式前方後円墳で古墳時代後期中葉と考えられます。刳抜式石棺、円筒埴輪が発掘されています。

【丸　山】（香川県、観音寺市）（図—⑱）

径二五メートルの円墳、竪穴式石室を備え青塚と同じ頃の築造と考えられます。安福寺直弧文石棺（一六四ページ）など各地に石棺を送った〈鷲の山〉から三〇キロメートルの近距離です。

岩肌の奇麗な鷲の山石でなく、わざわざ遠い肥後から取り寄せたのは、それなりの必然性があったからでしょう。その謎は何でしょう。

【蓮華寺】（松山市）（図―⑲）

石棺破片が保管されているそうです。発掘された石棺は庭石、手水鉢、などに珍重される事例は多くあります。菊池川下流地域の石材のようです。

付近の古墳から取り出された石でしょう。

【千足古墳】（岡山市）（図―⑳）

造山古墳の陪冢とされる前方後円墳で、墳長は七五メートルあります。

後円部の横穴式石室は扁平な板石の持ち送りが著しく、石障、屍床、板石には直弧文、刻み目直線帯石、石材も阿蘇溶岩でその構造は熊本の石障系横穴式石室そのもので、岡山には全く類例がありません。

熊本北部は装飾古墳が最も多い地域で、この遠い地の古墳築造は肥後と深い関わりあいがあった「人と物」で造ったとしか考えられません。国産鏡、玉類、鉄鏃、刀剣、鉄斧などの出土があり、五世紀中葉の築造と見られます。

後円部頂開口部まで水が満ち、内部保護の役目を果たしています。

6号陪冢の石室も「肥後装飾石室」では、と推定されます。

☆陪冢＝大きな古墳に付属する小古墳で、家族、近親者、また重臣、副葬品を埋葬した、とされます。
旅行作家宮脇俊三氏は著書『古代史紀行』（講談社一九九七）で「陪冢が六基あったというが、それらしい跡は一つも見当らず、掲示もなかった」と述べておられます。墳裾に沿って歩かれたのでしょう。

主墳から一〇〇メートル以上はなれ、さらに6号は千足から二〇〇メートル余、そして陪冢と思えない規模ですから気付かれなかったのでしょう。

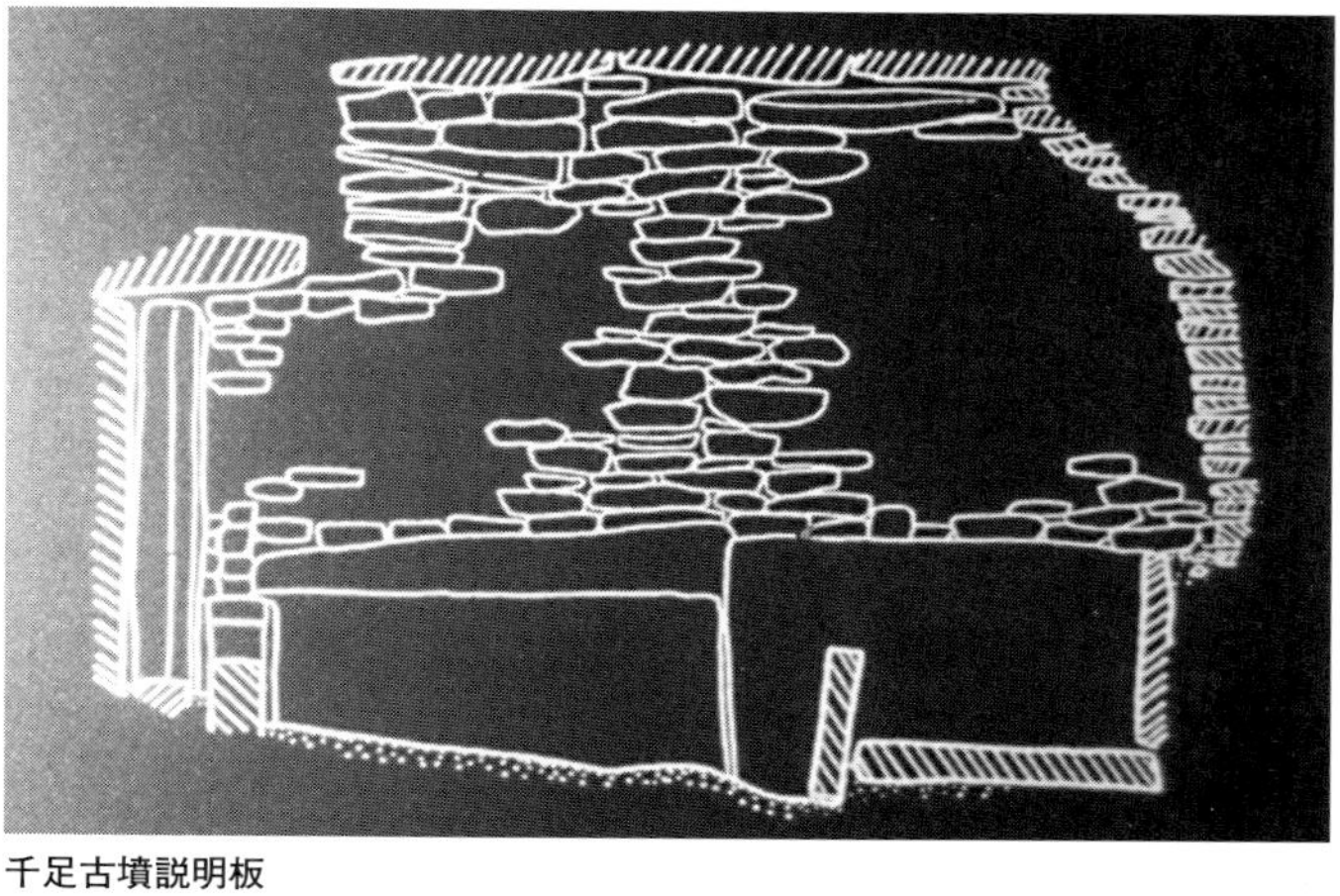
千足古墳説明板

【小山古墳】（岡山県、山陽町）（図―㉑）
墳長五五メートルの前方後円墳で後期初頭の築造。阿蘇溶岩の刳抜式家型石棺、円筒埴輪、須恵器片を出土しましたが早い時期に盗掘をうけていました。造山より一〇〇年近く遅れるようです。

【兵庫県、御津町】（図―㉒）
初期古墳の多い地域で、権現山（二八ページ）などがあります。氷川下流地域の石材で造られています。

【八幡茶臼山】（京都府八幡町）（図―㉓）
五〇メートルの前方後方墳で、前期あるいは中期とする説がありますが、前期説をとれば、阿蘇溶岩石棺は四世紀には既に畿内に届いていたことになります。
山城の前方後方墳は元稲荷（二五ページ）長法寺南原六〇メートル、淀川左岸に八幡茶臼山、大住南塚七一メートル、西山1号七六メートルなどがあります。
竪穴式石槨、阿蘇溶岩の石棺、鉄刀片、鉄剣二口以上、鉄鏃、碧玉、製石釧四などが出ています。

阿蘇溶結凝灰岩石棺は？

阿蘇溶結凝灰岩で造られた石棺を総括、まとめますと

（1）四世紀の八幡茶臼山から、七世紀の植山古墳に至る長期間にわたっています。

（2）その範囲は、瀬戸内から河内、大和、山城、近江までの広範囲に及びます。

（3）五世紀になると吉備の地には石棺のみでなく構造、施設まで肥後形式の〈千足古墳〉が構築されました。

（4）石棺の製作地は肥後にいくつかありましたが、宇土の「色鮮やかな馬門産、ピンク石」石棺数が多く、主流のようです。

そしてまた、ピンク色岩など阿蘇溶岩製石棺を内蔵する古墳の特徴は

※四世紀末〜五世紀初頭の八幡茶臼山、五世紀の造山、千足にも送られていますが、六世紀の後期古墳が多いようです。

※造山（三五〇メートル）今城塚（一九〇メートル）は別格として大王墓クラスの峯ヶ塚（九八メートル）東乗鞍（一一八メートル）築山（八一メートル）など大型墳もありますが、五〇メ

ートル級の中小型墳も多く、必ずしも大王墓に限っていません。

※中小型墳にかかわらず、副葬品は多彩豪華で、鉄器、金銅製品の類が多く特に馬具類の多いことが特長で相応の勢力をもつ盟主塚と思います。

阿蘇の熔岩は肥後のみでなく豊前、日向にも流れ出ていますが、各地に送られた石棺は、全て肥後製の溶岩でつくられています。

肥後の地が上記の各地と極めて長期にわたって関わりを持っていた、という証左です。

「吉備勢力が瀬戸内の海上権を掌握し、自由に西の海へ航海していたことの証明の一端」と間壁忠彦氏は説明（石棺から古墳時代を考える）されますが、肥後勢力との関係の説明には及んでいません。

ところが某先生の著書に「前期から中期にかけて熊本県の阿蘇熔結凝灰岩製の舟形石棺が岡山、香川さらに近畿に運ばれる。この舟形石棺は菊池川下流、宇土半島の基部、氷川下流の三ヵ所で製作されるが、それぞれの製作地で作られる石棺の形態が異なっている。これらの舟形石棺はそれぞれの首長の手によって、遠隔地に運ばれたことが推定される」とありました。

失礼な話ですが、天井向いて笑いました。「首長の手によって、遠隔地に運ばれた」とはまさか、ノミや金槌を振っていた石工が運こべる訳でなし、中学高校生の回答なら「首長が運んだ」で百点満点でしょうが、自他ともに認める第一人者がこの程度のことしか言えないのはどういうことでしょう。

三ヵ所の産地ごとに舟形石棺の形態が変わるそうですが、どう異なるのかその説明も省略です。首長とはどんな人で、極めて長期間、肥後、讃岐、吉備の間にどのようなつながりがあったのでしょう。

六〜七世紀の飛鳥、それも天皇家、特に植山古墳また今城塚、峯ヶ塚の主とは何の関わりあいがあったのでしょう。

四世紀に山城、五〜六世紀に北近江まで送られたのは何故?

多くの疑問、謎には全く触れない当たり障りのない説明で、もっとも大切な問題点は全く触れていません。

高名な研究者でもこの程度の説明しかできないのは、これが日本考古学の現状、限度かも知れません。

大和王権の指示指令に従い三世紀にわたって送り続けた、とは考えにくいことで、自らの意思で行った、またこれら古墳の主と深い関わりがあって求めによって造り運び出した、としか考えられません。

各地とも水運の便が良い点は共通で、宇土半島から天草灘、西彼杵半島を迂回して平戸瀬戸、玄海灘を越えて流れの早い関門海峡に入りますが、ここまでも相当の難路です。

瀬戸内は四国沿岸の今なお海難事故の多い来島海峡を経て、讃岐付近から岡山へ、ここ以東は本州沿いの航路を取ったことでしょう。筏に石棺を水中に吊して航海した、その方が安全と考えていましたがこれは間違いだったようです。

アマの暴論

アマだから言える暴論は、北九州の先端技術を持った集団が、弥生以降大きな怒涛のごとく東へ、瀬戸内を経て東に進みました。その影響、余波が後世にまで影響を残したのではなかろうか、と推定することもできます。

稲作は西から東に伝わりましたが、稲作は小人数ではできません。土地の開拓、水路の掘削、苗代、植付け、除草、収穫、脱穀、保存などのほか、多種多様の農耕具をつくる金属製作の人員も必要と考えると、一つの集団で相当の人員になります。

ひとくちに農耕具といっても、鋤、広鍬、丸鍬、又鍬、田下駄、臼杵などなどのほか田舟も必要です。木製農耕具は堅い樫が適しますが、それは金属でなければ加工は困難でしょう。

私はいくつかの土工の体験があります。ソ連抑留最初の強制作業は木製のスコップで、モスクワに送る天然ガス管を埋設する作業でしたが、凍土に木製スコップではてんで作業になりませんでした。

一九四四年秋は中国東北部の国境に近い地点で、必ず攻めてくるソ連に備えて連日、対戦車壕と、いわゆる塹壕掘りに明け暮れしていました。

木製と鉄製工具での作業能率は比較になりませんが、弥生時代はまだ農具の先端に鉄の刃が装塡されることはなかった、ありとしてもごく一部でしょう。農作業開墾作業は、それなりの大作業だったに違いありません。

そして必ずしも集団を賄うだけの収穫が、その年に得られるとは限りません。特に移住し開拓した田の収穫時期までの食料の準備は当然のことです。凶作、天候不良、病害に対する手当がなければ、移駐は不可能です。

（食料、補給を無視して移住したとすれば、数十年前の日本軍隊とおなじで、戦死者の多くは餓死と栄養失調の病死だったそうです。馬鹿な戦争でした）

それらの集団は大きな組織、うねりで東に向かい三世紀の頃には、吉備の勢力も従えて大和に根を張ったと考えます。

九州が文化の先進地帯だったことは明らかです。畿内の副葬品が大きな変化をみせはじめ、金属器が現れるのは、早く見ても三世紀以降になります。

青銅は一一〇〇度程度で溶解しますが、鉄は一六〇〇度の高温が必要です。加工技術は少数の技術者では、急速に東に伝わりません。

先住者と争い抗争を繰り返し、あるいは先住者と融合しながら、新しく大きな勢力が、早い速度で九州から東へその勢力を伸ばした、と考えなければ弥生時代から続く文化の東遷は解けません。北九州には朝鮮半島から稲作とほぼ同じ頃、銅と鉄の技術が渡ってきました。

弥生時代以降、東に移った集団の後裔が西から取り寄せた、あるいは数代前の偉大な祖先を偲んで送ったなど、無論こんな簡単な理由で、石棺が運び込まれたわけではありません。

矛盾しますが、二世紀末までは北九州の文化は畿内に比して確実に優れています。しかし三世紀になると九州はじめ各地の土器が畿内、大和に集まり、また九州には各地の土器が注入します。

土器の流れだけでは説明できません。

かつては、古墳も土器の流れも大和の王権の影響によるものとする見解がありましたが、なにも中央の指示によって動いたわけけではないでしょう。それぞれ地方の権力を持った首長の判断、意思によって行われた面が沢山あるはずです。各地で大和と時期を同じくして古墳が築かれはじめたのも、その一つでしょう。

では肥後にはどんな首長がいたのか、疑問が起こりました。

重ねてアマの乱暴な愚見ですが、仮に邪馬台国が北九州にあったとした場合、対立した狗奴国は菊池川の南、肥後にあたるでしょう。

狗奴国が北九州の邪馬台国を滅ぼし、大和にまで勢力をのばした。各地の「阿蘇溶岩石棺」は先祖の御霊を鎮める葬具の一つで、祖先の武功を顕彰する手段であった。

辻褄をあわせるのに今後苦労しそうです。

一つのヒント

なぜ阿蘇の石が遠くに送られたのか。瀬戸内、河内、大和、山城、近江の首長がピンク石を好んで石棺に用いのたか、ヒントは「赤い色」に対する古代人の思いいれ、というヒントをいただき、なるほど、と感じました

この日本列島に住んだご先祖は、「朱、赤い色」を貴び、辟邪、鎮魂のため貴重に扱った伝統があります。

青森・三内丸山は縄文中期から続いた遺跡で良く知られますが「赤塗りの漆器」があり、同じ青森・是川遺跡は縄文人の高い工芸水準を示した木製品、漆器などとともに赤漆の藍胎漆器がありました。

秋田で有名な縄文後期の「大湯環状列石」から赤い顔料が塗られた壺が、山形・押出遺跡から表面黒色、内面を赤く漆塗りした直径三〇センチの木製大杯がでています。

福井・鳥浜貝塚から出土した櫛は真紅に輝いていましたが、空気に触れた途端黒く変色したそうです。漆が赤い色であったことにもよりますが、縄文以来赤色を貴んだようです。

吉野ケ里では、頭骨を朱で塗り、腕に貝輪をつけた遺骨の甕棺が見つかりました。どんな性格

の人物だったのでしょう。神のお告げを伝える、また天変地異から土地を護る。稲を豊かに実らせるため神に祈祷を続ける役目だったかも知れません。

平原遺跡（三八ページ）は伊都国王の眠るところですが、方形周溝墓の棺内は朱が塗られ、楯築遺跡（二〇ページ）は幅六〇センチ、長さ二メートルの棺内には三〇キロの朱が敷かれていました。

朱に対する思いは古墳時代にも引き継がれ、よくご存じの藤の木古墳の石棺内部には今も色鮮やかな朱がべったり一面に残っていました。

大和天神山（天理市、前期古墳、一一三メートル）は内行花文鏡四面など鏡二三面を出土しましたが、四一キロもの水銀朱を持っていました。国道建設のため破壊され、全く往時の姿を留めません。

室大墓（奈良・御所市、中期初頭、二三八メートル）では棺と槨側石の間に朱を施した礫を散布してあり、杉山古墳（京都・向日市、中期初頭）は五塚原に次ぐ時期の築造で、石槨内に六センチの朱の層がありました、

古市古墳群で最初に築かれた大型古墳、津堂城山（総長四三六メートル、墳長二〇八メートル）を空から見れば、想像を遥かに越える巨大さがよく判りますが、ここには二〇キログラムの朱が

ありました。

中国に存在しない年号、景初四年銘の鏡を抱いていた広峯15号はすでになくなった木棺の内側に塗ってあった、と思われる朱が床面にたまっていました。

下池山（五一ページ）木棺にも朱が塗られており、最古布留式土器を伴った富山・谷内16号の埋葬主体部には赤色顔料を施した割竹形木棺があり、また朱に塗られた短甲の出土例もあります。

北九州で彩色壁画古墳が現れるのは、六世紀はじめころから約一〇〇年で、佐賀・樋口、外園の石室には今なお鮮やかな朱が一面に残ります。

またチブサン（熊本）田代（佐賀）塚花塚、重定、日ノ岡、寺徳、原（福岡）などは赤（朱）青、緑などが用いられていますが特に印象に残るのは赤です。レプリカでしか見ることのできなかった王塚の鮮やかな色彩も赤が目立ちます。

虎塚（茨城）の壁画は赤一色で多くの文様が描かれています。

古墳時代の人々の朱、赤に対する思い入れが伝わってきます。

全てをあげることはできませんが、縄文時代から古墳時代にかけて、朱、赤い色に対して特別の思いを持っていました。各地に残る「丹生」の地名は、水銀朱採取の跡が多いようです。

色のある石

朱に対する思いを石棺に篭めるとすれば、上記の古墳また藤の木古墳のように石棺の内部全面に朱を塗るか、その色、朱色に近い石、それは極めて珍しい石で、限られた生産地に特注することになります。それが出来るのは大王か力のある首長に限られましょう。

そしてピンク石のある古墳は、天皇陵とされる今城塚、植山、その可能性が強い峰ヶ塚、大型古墳を築くことが可能であった造山、東殿塚、大王塚陪冢の長持山と並べると、そのような気にもなります。

そしてそれ以外は築山、山津照神社、兜塚、王墓山、長者が平などすでに述べた中小型古墳ですが、その規模に関わらず豪華な副葬品を持ち、権力を有した一族が関係し築造したであろうことは、想像に難くありません。

また大王、首長墓は寿陵、即ち生前に築かれた例が多い、と考えますとピンク石の豪華な石棺を生前に準備することは権力、勢力の強さを誇示することになります。

それらの一族が肥後に製作を依頼したと考えれば、一応の筋が通るように思いますが、この困難な仕事、古墳築造にあわせた時期に海路を運ぶ代償を得たことでしょう。

各地の大王あるいは首長の依頼で、ピンク石の石棺を送ったとすれば、その代償に何を得たのでしょう。当時は全国に通用する貨幣などはありません。無償でなければそれ相応の財宝が渡され、肥後のどこかの古墳、遺跡に残されているはずです。

もしその「飛躍した仮説」に従うとしますと、肥後にはそれに相応しいかなりの痕跡があって当然。そいうことになります

ところで三世紀にわたる長い間、阿蘇溶岩石棺を瀬戸内、河内、山城、近江に送った首長、某先生が説く「石棺を造り各地に送った首長」とはどんな権力者だったのでしょう。某先生は「首長」と簡単に片付けられましたが、三世紀にわたる間、肥後地方では首長権が移動せず相伝したのでしょうか。

熊本の古墳を見学したのは、熊本城内・県立美術館地下室に装飾古墳室があった一九八三年と、翌年に江田船山、塚坊主山、虚空蔵、鍋田、チブサン、弁慶ガ穴、石貫ナギノ、穴観音を巡りましたが、装飾古墳が主で前期古墳は（江田船山以外）全く見逃していました。

古代の肥後

肥後に限らず、文字記録の残る歴史時代以前の実態の解明はむつかしい問題です。在野の研究者相沢忠洋氏が一九四九年に発見した「岩宿文化の時代」とほぼ同じ頃、三万年前の遺跡が菊池市竜門、阿蘇郡西山村で発見され、ついで縄文時代の早、前、中、後、晩期と全期にわたる遺跡が、県内で確認されています。

宇土半島の基部にある縄文早期の曾畑遺跡から発見された土器は、北九州の土器の特徴と違って、むしろ朝鮮南部との関連性が強く、大陸の櫛文土器につながると考えられる唯一縄文土器です。

前期遺跡、轟貝塚は一〇〇メートル四方、厚さ六〇センチの貝層の下部から人の埋葬が認められ、貝殻やヘラで描いた隆起文を特色とする『轟式土器』のほか石鏃、打製、磨製石斧、牙製垂飾、貝輪などが出土しています。

有明海から約六キロの内陸にある御領貝塚は、縄文晩期五〇〇〇平方メートルの淡水貝塚で、抜歯人骨を含む約五〇体の人骨や小児甕棺のほか、女体を強調した土偶や、熊 猿 猪など動物の土偶が発掘され、そして黒色研摩の薄手の土器は、縄文晩期の標式土器として〝御領式〟と名付けられ、またここの人骨は現在日本人やアイヌ人、朝鮮人の骨とは異なっている、といわれます。

弥生時代には、全期を通じて県内に多くの遺跡が、河川の流域を中心に発達しました。斎藤山貝塚は（斧）と見られる日本最古級の鉄器を出しました。中道遺跡からは（丸い粒の日本型の炭化米）が検出されています。本目遺跡の土器には精緻な（平織りの圧痕）が残っていました。もっとも大きな弥生集落跡は、山鹿市の方保田東原《かとうだひがしばる》遺跡で、住居跡三二軒、石棺墓、木棺墓一八基、そして東西三三〇メートル南北二〇〇メートルの三世紀環濠集落です。その他の遺跡からも多数の金属器が発見され、稲作、金属器、織物など大陸、朝鮮からの文化を早い段階で受け入れた生活だったようです。

そして古墳時代には有名な江田船山古墳をはじめとして穴観音、鍋田、弁慶が穴、千金甲など前方後円墳、円墳、横穴式など多彩な装飾古墳は全国で最多です。よく知られた古墳の多くは中期・五世紀以降で、その頃には相当の力を持った首長が存在したことを示します。

しかし四〜五世紀に山城・八幡山古墳、吉備、大和の大王に溶岩製の石棺を送り、千足古墳を築いた権力者は、多彩な装飾古墳の盛行する以前に築かれた個所に或いは早い時期の装飾古墳に葬られていることでしょう。

宇土半島、近隣の古墳には

○**城ノ越**　前期の前方後円墳で墳長四三・五メートル、肥後で前方後円墳の発生は宇土半島から始まったようです。

三角縁四神四獣鏡、箱式石棺があり、この頃に〈三角縁鏡〉を所有していたことは、既にヤマトの支配下に組込まれていた、ということでしょうか。墳丘はすでに削平されています。

○**弁天山**　前期の前方後円墳で、墳長五三・五メートルを計り、竪穴式石槨、割竹形木棺?、底部穿穴壷形土器がありました。

○**迫ノ上**　前期の前方後円墳で墳長五六メートルあります。竪穴式石室、割竹式（舟形?）木棺土師器片、鉄刀鉄剣などありましたが、乱掘をうけています。

○**スリバチ山**　墳長九六メートルの前期前方後円墳です。この時期では最大規模で、未発掘のため内部施設は分かりませんが、底部穿孔の壷形土器列が知られ、麓の水田から九〇メートルの高所にあります。

○**潤野3号**　前期の帆立貝式。粘土槨割竹形（舟形？）木棺。後円部頂から土師器が出土しました。

○**向野田**　宇土市、中期の前方後円墳。墳長八九メートル。第1主体部阿蘇熔結凝灰岩刳抜式舟形石棺、竪穴式安山石石槨、三〇後半〜四〇歳女性、棺内から内行花文鏡、方格規矩鏡、鳥獣鏡、硬玉勾玉四、管玉八二、ガラス小玉二二八以上、車輪石一、貝輪一〇以上と女性に相応しい副葬品で、鉄製武具類の鉄剣三、鉄刀四、鉄槍一、斧二、刀子七八などは棺外にありました。第2主体部は箱式石棺？

○**院塚**　中期、墳長七八メートルの中型前方後円墳で三基の刳抜式舟形石棺と未確定の一基、計四基の可能性があります。画文帯神獣鏡、硬玉勾玉二、琥珀勾玉一、管玉一〇〇、鉄剣、鉄刀など副葬品は規模に比例して豊富でした。

石棺を囲んで板石を立てる石槨状構造で土師器、須恵器を伴出しましたが、須恵器の出たことは五世紀中葉以降になると思われます。

○**国越**　後期の前方後円墳で墳長六二・五メートル、横穴式石室、阿蘇溶岩の切石積石室。直弧文、直線連結三角文、彩色の家形石棺。画文帯神獣鏡、四獣鏡、獣帯鏡、鉄鏃、銅鏃、馬具、金製銀製耳飾りなど多数ありました。
また菊池川流域には
○**山下**　墳長五九メートルの前期前方後円墳でしたが、一九六五年に消滅しました。阿蘇凝灰岩製刳抜式石棺を納めた第1、2主体部の被葬者は女性、甕棺の1号男子、2号甕棺は成人女性で、土師器を出土しています。
○**原遺跡**　古墳時代前半期で方形周溝墓三九基、円形周溝墓三八基、円墳四〇基、前方後円墳一基、円墳四〇基、石棺一九、石蓋土壙墓一。墓の様式は多様ですが副葬品は多くありません。
　方形周溝墓は弥生時代中期（前一世紀前後）ころから畿内で発達する墓制ですが、ここでは四世紀末から五世紀初頭に築かれ、次いで高塚に発達します。
○**岩原双子塚**　中期の前方後円塚、墳長一〇二メートルの県内最大級の古墳で一〇七メートル説もあります。双子塚を中心に下原古墳（径三八メートル）馬不向（二七メートル）寒原1号など九基の古墳群が五世紀中頃～六世紀後半に造られ、この北側の絶壁には一〇〇基以上の横穴墓（岩原横穴墓群）があります。
○**小坂大塚**　五世紀後半の円墳、径三六メートル。緑川流域です。両袖型横穴石室に鏡、玉類、大刀、剣、槍、冑、刳革綴式短甲などを内蔵していました。

○繁根木　玉名市、中期後半の径三〇メートルの小型円墳ですが、朱が塗られた横穴式石室に刳抜式石棺、眉庇付冑、横矧板鋲留短甲、頸甲、素環頭大刀、貝釧、鉄刀、鉄鏃などを出土いています。

この時期、肥後の小型円墳はその規模に関わらず豊富な副葬品は特徴の一つに思えますが、阿蘇熔結凝灰岩製石棺をもった畿内小古墳の内蔵品と比較すると可成りの差が認められ、特に馬具、装身具に格差があります。

資料が不足で詳述できませんが、前期・竜王山、津袋大塚、後期に小坂などの円墳があります。しかし、それらに葬られた主が強い権力を持ち、広い範囲の各地と関わりがあった、とは考え難いことです。

これら肥後の古墳の主がヤマトあるいは瀬戸内の勢力とどのような関係を有していたのか、出土品、内蔵した品からは判りません。

ヤマトとの関係が明らかなのは、菊池川の左岸台地上の清原古墳群の盟主塚「江田船山」で、墳長四七メートルを計る中期後半の前方後円墳です。

一八七三年（明治六年）に発掘され、朝鮮半島製・龍文透彫り冠帽、亀甲文、忍冬文の冠帯、飾履などのすぐれた金銅製品、竜文素環頭大刀、素環頭大刀、鉄刀、鉄剣、横矧板鋲留板綴衝角付冑、短甲などの馬具類等が多数で、須恵器・蓋杯は百済土器と類似性が注目されます。就中、九〇・六センチの鉄刀の棟に切先から関にかけて銀象嵌の七五文字は日本の歴史を書き換えました。

冒頭の「治天下獲□□□鹵大王」の文字を従来は「多遅比瑞歯別天皇」即ち「日本書紀、タジヒノミズハワケ」と読み〈反正天皇〉と理解し「宋書」にある『倭の五王、讃珍斎興武』の『珍』を当ててきました。反正天皇は仁徳の子、皇譜で一八代、陵は堺市・田出井山古墳が当てられています。

ところが一九七八年に、埼玉・稲荷山出土の鉄剣を元興寺文化財研究所で保存修理中の女性職員が金象嵌の文字を発見、一一五の文字が鮮やかな金色に復元さ

江田船山、横口式家形石棺

れました。

「獲加多支鹵大王」「辛亥年」をそれぞれ「ワカタケル」「四七一年」を当てる考えが浮上し、江田船山鉄剣銘も「ワカタケル大王」と改めて解読され、倭の五王の「武」即ち雄略天皇とする説が強くなりました。

銘文も大王の名前の他、「治天下」「奉事」「八（七）月中」「八十（百）練」「典曹人」など類似の字句もあり、雄略説がほぼ定説になっています。

雄略は仁徳の孫、皇譜では二一代とされますが、この時代の皇統は乱れ、必ずしも父子相伝ではありません。

江田船山の被葬者像は、大きな権力を持った首長であったことは確かですが、東大寺山鉄剣（一一九ページ）と同じように銘文は棟に刻まれ「作者は伊太□、書く者は張安」と渡来系中国人と考えられる名があり、大和から授かったものではないでしょうが、大和と関わりの深かったことが銘文で察知されます。

この大刀に銀象嵌された「馬の表現」と茨城県・三昧塚出土金銅冠の馬形飾りの「たてがみや馬体の線刻模様」と極めて共通した特徴があるそうです。（巨大古墳を造る、大塚初重　作品社二〇〇三年）

この二つの点を結ぶのは何でしょう。

☆倭の五王＝南朝の宋に朝貢したと中国の文献に見える倭国の五人の王、即ち讃、珍、斉、興、武、で仁徳、反正、允恭、安康、雄略を当てますが、それぞれ中国に叙勲を求めています。武の上奏文は漢文の長文で、「使持節督倭　新羅　任那　加羅　秦韓慕韓　六国諸軍事安東大将軍」の称をうけています。

讃を応神、珍を仁徳とする説もありますが、武を雄略とすることは確実視されています。

出土した金銅装透彫冠帽、同鉢巻式帯冠、同飾靴、同帯金具、金環、銀象嵌大刀、二山式帯冠などは国宝の指定を受けています。

弥生時代以降の肥後の首長は、半島、大陸とも独自のルートによって独自の文化を持ち、古墳時代には大和との関わりを持つたことは確かですが、大和に準じる規模の古墳は見当らず、多数の首長が阿蘇溶岩製石棺を、各地に送り続けた理由、根拠に当りません。

四～六世紀の首長像も明確に浮かんできません。

ひとつの推論

「討論、検討に値しない」との酷評を覚悟の上で、事実を前提として暴論、想像を述べますと、一部重複しますが次のように展開します。

肥後にあった狗奴国が、北九州の邪馬台国と交戦、これを滅ぼして東に進み、途中瀬戸内の要所に重臣を首領にして配置、特に吉備は重要な地点であったため、ここから東に向かったとき、多数引き連れた吉備人と九州人は従来ヤマトになかった土木工事の技術、祭司のしきたりを携えていました。

二四〇年代の終わり頃から二五〇年代の前半にかけての出来事で、弥生の早い時期に、すでに稲作技術を持って入殖していた同郷、祖先を共にする同胞と合流して大和、さらに東に勢力を伸ばし、三世紀後半には強大な力となりなした。

卑弥呼の死去が二四八年頃と推定され、男王が立って国中おさまらず千人を殺す乱が続いています。そして卑弥呼の宗女台与が立つ二五〇年代後半には国中が治まります。

卑弥呼の死去のあと「男王をたてるも国中服さず。更に相誅殺す。時に当りて千人を殺す」と倭人伝にあります。千人という表現は必ずしも実数ではないでしょうが、極めて多数の死者ということは、国内の争いは三年や五年という短期間でなく卑弥呼の没後の一定期間、と十分に推察されます。

そして卑弥呼の宗女壱与が立つ二五〇年代中頃以降になって国中が治まります。

その頃になって、労働力の集約もでき吉備の新しい技術、祭祀で箸墓の造営も始まりました。

それまでヤマトの古墳は精々一〇〇メートルでしたが、卓越した新技術で築かれた箸墓は、人力だけでない、神の力が助けた、と在来の人たちは受けとったことでしょう。

箸墓、西殿塚の築造に吉備の技術、祀りが関わったことは、出土品から容易に察することができます。

壱与の代になって数年、世の中も治まった二六六年には、晋に遣使するまで国力もつき、大和の地に大きな古墳が、引き続いて築造されるようになります。

九州の先進文化、また半島、大陸からの文化の移入ルートは彼等が持ってきて、あとあとに引き継いだことでしょう。

そしてヤマト遠征の途中に配置した重臣たちの偉業をたたえるため、その死に際して、側近が故郷のしきたりに従い、肥後から石棺を送らせ、また千足古墳（一七八ページ）王墓山（一七五ページ）を造らせた、極言すれば、狗奴国・肥後族の遠征地に故郷から先祖の偉業を称えて送った。ということになります。

従来、私が抱いていた邪馬台国のイメージとも大きく相違し、まだまだ大幅に推敲せねばなりませんが、「阿蘇溶岩ピンク石製の石棺が瀬戸内から河内、山城、大和、近江に送られた理由を考えると」一八八ページに「一つのヒント」からの意見を述べましたが、このように推論せざるを得ませんでした。

無論一部の賛同も得るとは考え得ません。採るに足らぬ、と一顧だに与えられぬことは承知しますが、ならば少し反論いたします。

阿蘇溶岩製のピンク色石棺などが、長期間なぜ各地に送られたのか？巨大古墳造山、肥後そのものの千足古墳、継体陵とされる今城塚、推古女帝と王子の植山に、また大王クラスの峯ヶ塚古墳に、肥後産ピンクの石棺があるのは何故でしょう？などについて、どのようにお考えになりますか。

ご説明、ご意見をいただければ、愚生の目も覚め考えも進展するでしょう。

そのように考えます。

熊本の雄大な計画

宇土市馬門のピンク色岩で石棺をつくり、海上を大阪まで輸送する、という雄大、破天荒な計画が進んでいます。(二〇〇四年現在)

これもまた、宇土市教育委員会高木恭二氏にお教えいただいたことで、継体陵とみられる高槻市、今城塚石棺復元実測図によって「大王の石棺」をピンク色岩で復元製作、輸送など多様な計画には実行委員長・小田富士雄氏と実行委員会構成団体に石棺文化研究会、熊本県青年塾、読売新聞、宇土市。航海協力機関に下関水産大学、九州沖縄水中考古学協会の名が並んでいます。

この原稿執筆中の二〇〇四年一二月には、全ての計画は着々と進行していることでしょう。

「大王のひつぎ」航海の事業内容は次のようです。

○継体大王の石棺を、宇土馬門石(あそピンク石)で復元製作。
○市民参加で石棺を陸送、「修羅」に載せて海岸まで曳く。
○復元石棺を海路搬送するための古代舟、石棺積載船を復元建造。

○石棺積載古代船の有明海～博多～大阪湾搬送実験航海。
○熊本、福岡、大阪での学術、市民公開シンポジウムの開催。
○映像、観光物による記録作成。

年次計画

○第一次計画　二〇〇四年四月～一〇月
○宇土市網引町にて修羅製作（製作期間一ヵ月半）
○宇土半島石切場に現存する馬門石（阿蘇ピンク石）による、大阪・今城塚古墳出土石棺復元実測図に基ずく「継体大王の石棺」復元。
○古代海事専門家設計の古代船・石棺運搬船の復元
○宇土市で石棺の完成式。「修羅」による市民参加の陸送実験。
○古代船の進水式。

第二次計画以降

○九州〜大阪湾への実験航海実施。

○実験航海での博多湾寄港時に「古代船、石棺の市民航海」イベント、「航海体験報告及び『大和王権と九州』シンポジウム」開催＝九州国立博物館開館関連関連イベント。

大阪到着時、関西で公開シンポジウム開催。

○一一月、九州国立博物館開館で石棺展示。その後「記録・報告・論功集」編集、刊行。

修羅は二〇〇四年八月に既に完成、古代船は西都原出土埴輪をもとに、下関の造船所で建造と伺っています。

「こんな計画がある」と電話でお聞きしたとき、全く予想もしなかった内容に「へェーほんとですか」驚き、全く久しぶりにパソコンを立ちあげ、インターネットで「大王と海」を検索、プリントしました。

実験考古学もここまで進歩しました。そしてロマンも膨らみます。

夢があります。素晴らしい発想力の展開がみられます。

将来の進歩に対する新しい発想があります。

一つの目的に対する集団の強さが伝わります。

そして、次の時代を見据えたトップの意思が表われています。


各シンポジウム計画もあるので九州、肥後と大和の謎の解明に一歩も二歩も前進することでしょう。大きな期待がかけられます。

そして今まで考えも及ばなかった発想、それを実現する組織、計画を進行させる担当者、GO指令をだした上部、私には到底着想、決断できない次元のことですが、叶うことであれば、その元気な計画のどこかに加わりたいものです。

元気な計画、成果に大きな期待を持たせてくれました。考古学、古墳は夢の多い分野です。

五トンの石棺をつみ、下関水産大学校学生の漕ぐ準構造古代船は全長一一メートル、最大幅二・五メートル。二〇〇五年七月二十四日に宇土をスタート、一ヵ月余かけた八月二十九日に芦屋到着、九月一日に難波に到着の予定です。出迎えます。

あとがき

青森県から鹿児島の間、途中東北の五県、神奈川、富山、山口、高知などポカット空白地域もありますが、（青森、神奈川の縄文、弥生遺跡は訪れています）三〇余年の間、時間と財布に相談しながら随分多くの各地古墳を巡ってきたつもりですが、二〇万とか二五万基ともいわれる古墳数の一％にもどうかという数にしか過ぎません。

そのため多くの資料書籍を参考に、あるいは引用させていただきました。多数先覚のご研究の成果のうち、自分に都合のいい部分、啓発受けた個所を「つまみ食い」したかな、と思わぬでもありません。

また古墳巡りは体力との戦いです。

備前車塚は麓から一三〇メートルの地点まで、ほとんど直線の登りで、けもの道を抜けた途中からまた直線的な階段が約一五〇段、さすがに二度も立ち止まって一息いれました。あの優雅な姿の若草山の鶯塚は麓比高二〇〇メートルの陵線に横たわり、かなり急傾斜の上り坂です。

福井・二本松古墳は麓の松岡山公園から二五〇メートルの高地まで、登り下りの坂道と往復二

○○○段の階段を踏み越さねばなりません。

森将軍塚、川柳将軍塚、姫塚など信州、越前の古墳の多くが、また犬山市・東之宮も同じように麓比高一○○メートル以上の高地、眺望の優れた地にあります。

そして鹿児島、宮崎、平田、仙台、宇都宮、甲府、新潟は（青森↓東京も）夜行バスを利用しました。料金面もさることながらなにより朝早く到着し、一日を有効に使える利点があります。でも目的の古墳に到達できれば疲れも眠気もふっ飛びますが、どうにも目標地点に到着できぬときは、ほんと、情けない思いです。

膝まで隠れる笹で覆われたけもの道で、蛇を警戒して足元を気遣えば、上半身はクモの巣だらけになり、一時間も歩き回わり、道標に従って進んだ道ですが人の歩いた跡が消えたときなど「教育委員会よ、観光協会よ。国指定史跡の道くらいはチャントしといてくれよ！」と叫びたくなります。

岡山・都月坂の峠道を行き帰りしても「都月坂古墳」の標識は見当りません。都月坂古墳は大和の箸墓、西殿塚などから出土する「都月坂型特殊器台のふるさと」です。

その脇道を進むと「七ツぐろ古墳」の標識が二カ所ありましたが、両方とも道が消えてしまいます。目安になる距離も示されていません。

壱岐・双六古墳は地図上では現地に到達のはずですが見当らず、地元の方に尋ねても「確かにここは勝本町立石東触です。先日もグループに尋ねられましたが、さてねェ知りません」。フェリーの関係もあって断念しましたが、なんのためにやってきたのか、「しまった。もうひとつ別の個所に行けばよかった」ガッカリです。

本書に掲載した古墳も一部は訪れていますが、記しましたとおり資料や諸先生の著作を参考にさせていただきました。

それら大家、高名な先生方の著書にも「おや！」と思う似通った字句、そっくりな表現にぶつかり、先生方も現地を訪れず書斎でお書きなることも多いかな、と受け取りました。

岡山・浦間茶臼山は古墳時代前期の築造で「設計規模は箸墓の二分の一に造られ、当時大和と吉備が密接な関係にあったことが分かる」また「古墳発祥、大和一元説」のための表現が多くの書物に引用され、浦間茶臼山現地の説明板にもそのように記されています。

一九七二年、岡山の古墳（鋤本義昌　日本文教出版）古代吉備を行く（山陽新聞社一九七九年）また古墳辞典（一九八二年）には、このような重要事項の記載がありませんので、一九八七年浦間茶臼山古墳の測量調査の報告、一九九一年浦間茶臼山発掘調査団の報告が出された以降のことだと思います。

大和の箸墓、西殿塚などには吉備の「特殊器台片」が多く出土し、築造またその祭祀に吉備の勢力が深く関わったことが分かりますが、吉備の中心から少しはなれた浦間の古墳が、どうして箸墓の二分の一なのか、以前から疑問を持っていました。

箸墓と浦間茶臼山の諸元を比較すると

墳　長	約二八〇メートル	‥	一三八メートル。
後円部径	約一五七メートル	‥	八一メートル。
同　高	二二メートル	‥	一三・八メートル。
前方部長	一二〇メートル	‥	六一メートル。
同　高	一二メートル	‥	六・七メートル。
くびれ部幅	七〇メートル	‥	三五メートル（復元）

右記の数字を見るかぎりでは、二分の一に縮尺されていますが、浦間茶臼山の墳頂に立つと、相似点より相違点の多いことに気付きました。

	箸墓	浦間茶臼山
周濠	存在した。	周濠はありません。
立地	周辺畑地と比高ゼロ。 背後に三輪山、前面はひらけた盆地。	比高一〇メートルの台地上。 三方を山（一〇〇メートル未満）に囲まれた旭東平野の東端、当時も現在も広い地ではありません。
近辺	先行する一〇〇メートル級 古墳数基	先行する古墳は近辺にない

箸墓には纏向石塚、東田、矢塚、ホケノ山などのほか、数基が先行して古墳群を形成していますが、浦間茶臼山周辺は、

東南約一・五キロ　茶の子山（墳長二五メートル　前期）
東　約一キロ　花光寺山（八〇メートル　前期、吉井川左岸）

東北約〇・七キロ　一日山　（五五メートル　中期）
東北　二キロ　石津神社浦山2号（五五メートル　中期）
東北　四キロ　船山　（六〇メートル　後期　吉井川左岸）
東北　四・五キロ　長尾山（六七メートル　前期　吉井川左岸）

などがありますが、前期の茶の子山、花光寺山、長尾山なども浦間茶臼山に遅れて造られたようです。

そして、なにより上記の古墳を浦間茶臼山から望むことが出来ません。この点も箸墓と大きく相違します。

二分の一の規格サイズにこだわったため台地上に築き、そのため濠ができなかったということでしょうか。

平面図と土器、鏡など出土品で、「大和と吉備」を云々するにはいろいろ議論はあるでしょうが、この古墳に立つて「箸墓との関連」は全くイメージされませんでした。

私なりに留意して、参考、引用させていただいた心算りですが、幾多のご指摘、批判を受けると思います。体力と財布の続く範囲で古墳巡りを続け、勉強したいものです。

なお一部の方のお名前、ご発言を幾度か引用しましたが、その方が大家であるためマスコミ登場が多く自然そうなりました。他意のないことをお断りいたします。


一九四五年一二月、零下三〇度のシベリヤ鉄道を貨物列車で三〇余日、ウラル山脈を越えた最遠の収容所まで運ばれ、石より硬く凍り固まった黒パンを肌で暖め、溶けた部分をちぎって口の入れる、とても想像できぬ不法抑留を強いられましたが、幸い身体を損なうことなく三年後無事帰国して六〇年近くになります。

過去を振りかえると、短才、浅慮、いたらぬ失敗ばかりが思い起こされ、まさに冷汗、赤面のことばかりですが、ここまで来れた、また続けることができたのは、家族と周囲の人々のお陰、真実そう思います。

そしてここまで生き延びてきた私ってどんな人間だったんだろう。

即断はするが、深慮遠謀のタイプでない。

時折良い意見も出すが、才気煥発の片鱗もない。

思いつけば取りかかりは早いが、熟慮の型でない。

文才、理数の才もなく、字はいつまでも金釘流でした。

金運、博（打の）才ともご縁がなかった。

碁、ゴルフなど勝負ごとには、向上心がなかった。

強情頑固と言われたこともあったが、本人にはその意識はなかった。

モノ作りは何をしても無細工でした。

アマ無線は多少役立ちましたが、小型船舶四級はとっただけ。

献血の回数は数知れぬほどで、角膜提供登録は早い時期でした。

臓器提供は一九九六年にサインしましたが、この年齢で臓器が役立つかな？

骨髄バンクは年齢超過で断わられました。

デイサービス昼食配達（土曜のみ）のボランティアは九年ですが、サマリー（要約筆記）は中断の羽目になりました。


少しはエエトコあるかな、と思ったがなんにもアラヘン。

そんな男がここまで来れたのは、両親が丈夫に生んでくれたお陰と、家族の理解によります。

そのうえ友人に恵まれて幸いでした。
職場の方々よ、有難う。
そしてご交誼いただいた方々にも有難う。
心からお礼を申します。

■参考文献■

中国正史の古代日本記録　壱岐一郎　葦書房　1992
大古墳展図録ヤマト王権と古墳の謎　東京新聞　2000
藤ノ木古墳概報　橿原考古学研究所　吉川弘文堂　1989
ふるさとの文化遺産郷土資料辞典　熊本県　人文社　1998
魏志倭人伝　山尾幸久　講談社　1975
技術の考古学　潮見清　有斐閣　1991
卑弥呼と邪馬台国　安元美典　PHP研究所　1983
卑弥呼の時代　天理大学　学生社　1992
卑弥呼の時代を復元する　坪井清足　碧水社　2002
埴輪　宮内庁　学生社　1989
平塚川添遺跡発掘調査概報　甘木市教育委員会　1993
平塚川添遺跡発掘調査概報Ⅱ　甘木市教育委員会　1994
東アジアの古代文化51 景初四年鏡をめぐって　1987
稲荷山古墳出土鉄剣金象嵌概報　埼玉県教育委員会　1979
女王卑弥呼の祭政空間　石野博信　恒星出版　2002
古墳辞典　小林三郎ほか　東京堂　1982
古墳の謎　田辺昭三　小学館　1972

古墳の知識　白石太一郎ほか　東京美術　1992
古墳　白石太一郎　吉川弘文堂　1989
古墳への旅　白石太一郎　朝日新聞　1996
古墳とその時代　白石太一郎　山川出版　2002
古墳時代の時間　大塚初重　学生社　2004
巨大古墳を造る　大塚初重　作品社　2003
考古学辞典　水野清一　創元社　1976
考古学のための化学十章　馬淵久夫　東京大学出版部　1994
考古学万華鏡　石部正志　新日本出版社　2004
古代吉備をゆく　山陽新聞　1979
古代史ハンドブック　大塚初重　新人物往来社　1998
古鏡　小林行雄　学生社　1969
古鏡目録　宮内庁書陵部　学生社　1977
鏡鑑　泉屋博古館　1981
国立歴史民俗博物館展示シート
荒神谷遺跡銅剣発掘調査概報　島根県教育委員会　1985
郷土の歴史研究事典　浅井信一　小峰書店　1979
見瀬丸山古墳石室　アサヒグラフ　1992

日本の古墳（東）（西）	大塚初重	有斐閣	1981
日本古墳大辞典	大塚初重、小林三郎	東京堂出版	2002
日本古墳編年集成	石野博信	雄山閣出版	1995
日本史跡大事典	坪井清足監修	日本図書センター	1998
日本古代史と遺跡の謎		自由出版社	1992
日本人と鏡	菅谷文則	同朋社出版	1991
日本考古学の通説を疑う	広瀬和夫	洋泉社	2003
日本原始美術 8 古鏡	田中琢	講談社	1979
謎につつまれた邪馬台国	直木孝次郎編	作品社	2003
大阪の古墳	石部正志	松籟社	1985
岡山の古墳	鎌木義昌	日本文教出版	1972
王権誕生（日本の歴史）	寺沢薫	講談社	2000
楽しい古墳めぐり	瀬川芳則	松籟社	1994
邪馬台国と大和朝廷	武光誠	平凡社新書	2004
邪馬台国からヤマト政権へ	福永伸哉	大阪大学出版会	2001
邪馬台国の考古学	石野博信	吉川弘堂	2003
邪馬台国と古墳	石野博信	学生社	2002
前方後円墳国家	広瀬和雄	角川書店	2003

前方後円墳集成（6編）　山川出版　1992〜
前方後円墳築造の研究　石川昇　六興出版　1989
在阪新聞各紙
右記のほか、記述ごとにも記しました。

■著者略歴

井戸 清一（いどきよかず）

1948年ソ連から復員、翌1949年から36年間、新聞主体の広告営業に従事。宮仕えを辞したあとミニ企業で細々と現在に至る。
自己評価は「あとがき(215頁)」の通りの1923年神戸市生れ。
著書に『古墳私疑』（浪速社 2001）

1997年4月、ソ連抑留地、モスクワ東南600km、ほぼ北緯53°東経42°のマルシャンスク、タンボフへ単独墓参のおり、モスクワ地下鉄プーシキンスカヤ駅附近のストリートアーチストの描いた似顔絵。ロシア人から見るとこんな顔になるようです。

古《こ》墳《ふん》試《し》考《こう》

—アマの考え・アマの妄言—

二〇〇五年四月二十九日　初版第一刷発行

著者
井戸清一

発行者
杉田宗詞

発行所
図書出版 浪速社
大阪市中央区内平野町二—二—七
電話 （〇六）六九四二—五〇三二（代）
FAX （〇六）六九四三—一三四六

印刷・製本
亜細亜印刷（株）

Printed in Japan　ISBN4-88854-422-0 C0020